거룩히 안식하자 I

웨스트민스터 총회의 신학자
윌리엄 구지(W. Gouge)와 함께하는
"거룩한 안식일로서의 주일"에 관련한 스터디

문답: 윌리엄 구지
편역·해설: 장대선

고백과문답

거룩히 안식하자 I

초판 1쇄 인쇄 _ 2020년 9월 11일
초판 1쇄 발행 _ 2020년 9월 11일

문　답 _ 윌리엄 구지
편역 · 해설 _ 장대선

펴낸곳 _ 고백과 문답
등　록 _ 제2016-000127호
주　소 _ 서울특별시 영등포구 신길동 120-32 101호
전　화 _ 02-586-5451
이메일 _ largoviva@gmail.com

인　쇄 _ 이레아트 02-2278-1886
ISBN 979-11-971391-0-9

거룩히 안식하자 I

문답 윌리엄 구지

편역 · 해설 장대선

웨스트민스터 총회의 신학자 윌리엄 구지(W. Gouge)와 함께하는
"거룩한 안식일로서의 주일"에 관련한 스터디

교백과문답

머리말

─────────

이 책이 출간되는 2020년은 코로나COVID-19 바이러스로 말미암은 전 세계적인 팬데믹pandemic으로 기억되는 한 해일 것입니다. 그리고 우리 사회에 있어서 팬데믹은 무엇보다 기독교회들에게 큰 충격을 주었는데, 공교롭게도 그 초창기 국내 진원지에 '신천지'라는 기독교 이단이 자리하고 있었습니다. 이후로 몇몇 교회들 가운데서 확진자들이 발생하여, 결국에는 기독교회 전체에까지 적잖은 충격과 더불어 막대한 차질을 야기하기에 이르렀지요.

물론 이러한 일련의 사태 가운데에는 분명 하나님의 비상한 뜻과 섭리가 있을 것입니다. 사람들은 대부분 이러한 일련의 일들이 하나님의 손길과는 상관이 없는 것처럼 살아가지만, 하나님의 뜻과 섭리를 벗어나서 일어나는 일은 아무것도 없으며, 그런 만큼 이러한 일련의 사태 가운데에도 분명 하나님의 손길과 깨달아야 할 뜻이 분명하게 있을 것입니다. 다만 우리들이 그러한 하나님의 뜻을 쉽게 분별할 수 없는 것이기에, 최대한 조심하는 자세로 이러한 사태를 속히 극복하게 되기를 하나님께 기도하며 선하신 뜻과 도우심을 구해야만 할 것입니다. 또한 이러한 형편 가운데서 우리 사회의 기독교 세계에 국한하여 작금의 사태를 직시해 보며, 우리 신앙의 어떠한 취약점이 노출되고 있는지를 깨달아야 할 것입니다. 그저 교회당으로 모이는 것에만 중점을 두어서 각자가 개인적으로나 가정에서 행할 마땅한 경건의 의무들에 대해서는 거의 손을 놓은 채로 비대해지기만 한 교회 모임이 내포하고 있던 취약점이, 전염병의 창궐로 말미암은 비상방역의 형편 가운데서 여실히 드러나고 있으니 말입니다. 무엇보다도 주일성수와 관련하여, 예배당에 함께 모여서 드리는 공예배가 방역과 관련한 여러 지장을 받음으로 인해 각자 흩어져서 주일을 성수해야만 하는 여건이 형성되었지만, 이에 대한 우리의 대책이 너무도 취약하며 무능력하다는 사실을 절실히 깨닫게 된 것이 팬데믹의 가운데서 발견된 우리 신앙의 가장 큰 문제점이 아닐까 생각합니다.

사실 그동안에 장로교회들의 신앙에 있어서 신학적이거나 교리적인 부분에 대한 문제의식은 크게 신장되었지만, 그 구체적인 실천과 경건의 생활에 대해서는 여전히 막연하고 구체적이지 못했던 것이 사실입니다. 그러므로 고백과 문답 출판사에서는 웨스트민스터 예배모범을 비롯하여 스코틀랜드 가정예배모범, 그리고 교회정치의 문서들을 번역하여 소개해 왔습니다. 그리고 이 책 『거룩히 안식하자 I』을 통해, 주일성수와 관련된 우리 신앙의 생활과 실천에 대한 구체적인 모범과 지침들을 교리문답의 형태와 그에 대한 해설들 가운데 더욱 구체적으로 살펴보도록 함으로서, 신앙의 내성을 키우며 훈련하도록 했습니다.

끝으로 이 교재는 윌리엄 구지William Gouge, 1575-1653의 주일에 관한 교리문답서인 'The Sabbaths Sanctification(London, 1641)'을

기초로 하여, 관련 성경구절들과 그에 대한 짤막한 해설들을 살펴봄으로써 그러한 교리문답에 내포된 원리와 신학을 최대한 실생활에 유용하도록 이해할 수 있게 기획했음을 말씀드립니다. 그러므로 가족이나 소규모의 모임으로 모여서, 혹은 공식적인 교육의 시간에 이 교재를 활용하는 스터디 모임을 가질 수 있을 것입니다. 아울러 팬데믹의 비상적인 형편에 부합하게, ZOOM과 같은 인터넷 네트워크를 활용한 온라인 화상교육의 방식에 활용하기도 적합할 것입니다.

아무쪼록 이 교재를 통해, 주일성수의 신앙뿐 아니라 주중의 신앙과 경건의 실천에 있어서도 여러 유익들과 내실을 기할 수 있기를 기대하고 소망하는 바입니다.

목 차

머리말 _04
윌리엄 구지의 생애 _09

part 1: 안식일(주일)은 어떤 근거로서의 도덕성을 가질까?
1문답 _44
2문답 _49
3-4문답 _53

part 2: 주일(주님의 날)이 그리스도인들의 안식일인 증거
43-44문답 _60
45문답 _67
46문답 _72
47문답 _79

part 3: 안식일을 거룩히 지키는 방법
5문답 _88
6문답 _92
7문답 _97

chapter 1: 공적인 경건의 의무들
8-9문답 _100
10문답 _109
11문답 _117
12문답 _124

chapter 2: 사적인 경건의 의무들
13문답 _128
14문답 _132

chapter 3: 경건의 은밀한 의무들
15문답 _139
16문답 _142

chapter 4: 자비의 일들
17문답 _149
18문답 _153
19문답 _161
20문답 _165
21문답 _170
22문답 _178
23문답 _185
24문답 _191
25문답 _195
26-28문답 _200
29-30문답 _205
31문답 _212
32-33문답 _217
34-35문답 _223
36문답 _227
37-38문답 _234
39문답 _241
40-41문답 _245
42문답 _251

부록: 『The Sabbath's Sanctification』 영어 원문 _256
해답 _292

윌리엄 구지William Gouge, 1575-1653의 생애[1]

윌리엄 구지에 관하여 일반적으로 알려진 바는 17세기 전반기에 활약했었던 잉글랜드의 출중한 신학자라는 점과 런던에 있는 블랙 프라이어스BlackFriars 교회의 목사이자 웨스트민스터 총회의 중요한 신학자 가운데 한 사람이었다는 정도일 것이다. 하지만 18세기의 제임스 리드James Reid의 글

이, 그에 관한 더욱 상세한 정보를 제공해 주고 있는데, 특히 웨스트민스터 총회의 인물들에 대한 면면을 소개하는 가운데서 그에 대한 간략하면서도 상당히 풍성한 정보를 얻을 수 있다.

윌리엄 구지는 1575년 11월 1일, 잉글랜드의 미들섹스Middlesex 주에 있는 스트렛포드 보우Stratford Bow에서 출생했으며, 그의 부모들은 매우 존경받는 분들이었다. 예컨대 그의 부친인 토마스 구지Mr Thomas Gouge는 경건한 신사로서 하나님께 대한 예배와 경건의 도리들을 세심히 살펴 행하는 분이었고, 그의 모친 역시 덕망이 있고 경건한 여인으로서, 런던의 상인이었던 니콜라스 컬버웰Mr Nicholas Culverwell의 슬하

---

1) 이 부분은 James Reid의 『Memoirs of the Westminster Divines』1권에 소개된 윌리엄 구지에 대한 글을 번역하여 약간의 재구성을 한 것이다.

에서 자랐다. 또한 유명한 설교자 메서스 사무엘Messrs Samuel과 에스겔 컬버웰Ezekiel Culverwell 의 누이이기도 하다. 뿐만 아니라 그녀의 두 자매들은 캠브리지 대학교의 임마누엘 칼리지의 박식하고 유명한 학장 체더튼Chaderton 박사와, 캠브리지 대학교의 왕립 신학교수 휘테커Whitaker 박사와 결혼했다.

윌리엄 구지는 런던에 있는 바울 스쿨Paul's school과 에섹스에 있는 펠스테드Felsted, 그리고 이튼 스쿨Eton school에서 고전 교육을 받았다. 특히 펠스테드 스쿨에서 3년을 지내는 동안 그의 삼촌 에스겔 컬버웰에게서 복음 사역을 통한 훈련을 받았는데, 당시 컬버웰의 복음 사역이 그의 영혼에 지대한 영향을 끼친 것으로 알려진다. 그가 컬버웰의 복음 사역을 통한 훈련 때문에 살아있는 소망을 향해 처음으로 거듭나게 된 것은 아닐지라도 그러한 삼촌의 거룩한 믿음 가운데서 크게 성장할 수 있었다고 구지 스스로가 자주 언급했던 것이다. 그는 이튼 스쿨에서 6년을 보냈는데, 그 기간 동안에 그의 초창기의 경건은 그야말로 싱그러운 꽃과 같이 활짝 피어났다. 그는 하나님을 참으로 경외했으니, 개인적인 기도와 주일 성수에 각별한 주의를 기울였던 것이다. 그리고 위대한 율법의 수여자이신 하나님께서 거룩히 지키도록 명하신 주일이 각종 스포츠와 오락을 통해 모독을 당하는 것을 지켜보며 극심한 고통을 느꼈다. 그는 한탄하여 이르기를 "아마도 인간 역사상 어느 시기에도 지금처럼 쾌락과 오락에 빠져 세속적이 된 사회는 없을 것이며, "안식일을 기억하여 거룩히 지키라"는 하나님의 율법이 지금처

럼 존중받지 못하는 때도 없었을 것이다."라고 했다고 한다.[2] 그리고
는 이르기를 많은 사람들이 하나님을 두려워하지도 않고, 인간을 존중
하지도 않는 세상에 빠져버린 것 같다고 했다. 부끄러운 줄도 모르고
주일을 모독하는 것은 분명 멸망의 징조라는 것이다. "이 날을 참으로
엄숙하게 지키는 것은 매우 위엄 있는 (인간의) 본성적 의무여서, 그
것을 위반하면 우리는 개인과 국가의 안전까지 위태롭게 된다. 주일에
대한 공개적이고 뻔뻔스런 무관심보다 이 나라에 몰락이 다가오는 것
을 틀림없이 나타내는 징후는 없을 것이기 때문이다. 나는 이러한 징
조를 우리나 우리의 자녀들이 결코 목격하지 않기를 바란다."[3]고 구
지는 경고한다. 그러므로 우리는 이 거룩한 날에 대해 공개적이며 후
안무치한 무관심의 현상들을 바라보며 참으로 슬퍼해야 할 것이며, 구
지가 그랬던 것처럼 주일을 성수하는 일에 각별한 관심을 기울여야 마
땅한 것이다.

그는 또한 여러 학교들 가운데서 교육을 받았던 모든 분야들에 크
게 주의를 기울였으며, 학문적인 연마에 지치지 않고 인내하며 성실히
임했다. 특히 여러 문법학교들에서 지칠 줄 모르고 열심히 공부하여
고전 지식에 있어서 상당한 지식에 이르게 되었고, 이를 바탕으로

---

2) The Instructor, No. xlx. 1808. 365. 이러한 구지의 한탄을 우리 시대에 적용해
   보건대, 우리 시대의 주일은 얼마나 스포츠와 오락에 찌들어 있는가? 가히 '주
   일' the Lord's Day은 사라지고 '일요일' the Sun Day만이 남아 있지 않은가?
   [역자 주]

3) The Instructor, No. xii. 91.

1593년에 켐브리지 대학교의 킹스 칼리지에 입학했다. 그는 유다르게 열심히, 또한 그에 따라서 성공적으로 학문을 연구해 나갔다. 그는 당시에 학문을 연마함에 있어 참으로 근면했었던 점에서 뛰어난 본보기가 되는 인물이었으니, 아침 일찍이 시작한 그의 공부는 밤늦은 시간까지 이어졌다. 예컨대 킹스 칼리지에서의 첫 삼년 동안에는 학교를 떠나서는 하룻밤도 잔 적이 없었다. 그러한 기간이 끝날 무렵에 그는 연구생에 뽑히게 되었는데, 그 후에야 그는 친구들을 방문했으며, 그러고서도 얼마 후 학문 연구를 위해 다시 돌아왔다. 그는 날카로운 논쟁자였으며, 캠브리지 대학의 정관에서 요구하는 공립학교로서의 높은 평가를 받았으며, 그러한 모든 훈련들을 수행하면서 정규 과정 가운데 다수의 학사학위를 취득했다.

그는 킹스 칼리지에서 9년 동안 학업을 계속했다. 그리고 이 시기 동안에 친구들을 방문하기 위해 도시 밖을 잠시 나갔던 때를 제외하고, 보통은 아침 다섯 시 반쯤에 시작되었던 채플의 아침 기도를 단 한 번도 빼먹지 않았다고 한다. 그는 항상 아침 일찍 잠자리에서 일어났는데, 개인적인 경건생활과 아침 성경 읽기 시간을 내기 위해서였다. 그는 매일 성경을 열다섯 장씩 읽었는데, 아침에 다섯 장, 저녁에 다섯 장, 그리고 잠자리에 들기 전에 다섯 장을 읽기로 계획했다. 그리고 심지어는 불침번을 서기 위하여 잠을 자지 못하는 동안에도 아침과 저녁, 그리고 잠들기 전에 읽었던 성경의 내용들을 묵상하며 하나님의 말씀이 마련하는 영적이고도 지적인 향연을 만끽했다. 그러므로 그는 이르기를 "우리가 성령님께서 달콤하게 조명해주시는 역사를 통해 하나님의 말씀을 묵상하는 상황에 놓이면, 어느 때나 말씀은 사랑스럽고 흥미진진한 모습을 나타내 모든 면에서 매력적이며 놀라울 뿐 아니라 즐겁게 된다. 말씀의 원리가 얼마나 숭고하며, 이를 실천하는 것이 얼마나 사랑스러우며, 그것을 경험하는 것이 얼마나 달콤하며, 말씀의 완전함이 얼마나 영광스러운가! 행성계가 천문학자에게 즐거움을 주는 것이라면, 이 은혜의 세계system of grace 가운데서 그리스도인들은 얼마나 놀라운 것들을 발견하며 매료되는가!

주여, 하늘이 당신의 영광을 선포하고
모든 별 사이에서 당신의 지혜가 빛나나이다.
그러나 우리의 눈이 당신의 말씀을 볼 때에
우리는 더욱 분명한 구절들 가운데서
당신의 이름을 읽나이다. [4]

또한 그에 따르면, 달콤한 의의 태양이신 그리스도께서 위엄스러운 광채로 성경의 모든 책장 위에 영광의 빛줄기를 비추실 때, 진리와 지혜, 능력, 선, 자비, 은혜, 사랑은 이 영원한 아름다움의 세계system에서 빛나는 별자리가 된다.

---

4) The Instructor, No. xviii. 140.

오, 이 하늘의 책장들이
영원히 나의 소중한 빛이 되게 하시고
제가 끊임없이 새로운 아름다움과
점점 더 끊임없이 밝아지는 빛을 볼 수 있기를 바라나이다.

이처럼 심령 안에서 새로워지고 하늘의 초자연적인 역사를 누린 그는 성경을 밤이나 낮이나 자신의 친구로 삼으려 했다. "그는 일이 잘 풀려서 밝고 즐거울 때에는 인도함을 받기 위해 성경에 의탁했고, 어둡고 슬픈 곤경이 닥칠 때에는 위로를 얻기 위해 성경에 마음을 쏟았다. "[5] 이러한 성경 지식은 특히 성화의 면에서의 영적인 계발에 지대한 유익을 주었다. "나무가 물을 세심하게 잘 공급해 주는 토양에서 자라고 번성하듯이, 성경을 지속적으로 묵상함으로써 사람은 성화 면에서 잘 성장하고 성숙한다. "[6] 이 독실한 학생은 또한 항상 휴대하고 다니던 작은 책 안에, 성경 각 장의 모든 개개 본문에 대한 분명한 제목들을 기록했는데, 이것이 나중에 그에게 아주 유용하게 사용되었다. 이러한 도구들이 수단이 되어 하나님의 복이 따르는 삶을 살았던 그는 종교 개혁자들이 일반적으로 그랬던 것처럼 성경이 아주 능통한 사람이 되었다.

"성경에서 참된 부요함을 찾고 천상적 지혜의 영적인 유익을 누리

---

5) Horns's Comment. on Psal. i. 2.
6) Horne on Psal. i. 3.

고 교통하는 자는 복이 있나니, 이는 분명 지혜를 얻는 것이 은을 얻는 것보다 낫고 그 이익이 정금보다 나음이니라. (잠 3:14)"[7]

한 번은 그가 킹스 칼리지에 있는 동안에 한 유대인 랍비가 기회를 얻어 캠브리지 대학교에 와서 여러 칼리지를 다니며 학생들을 가르치게 되었다. 구지는 다른 학생들과 함께 이 유익한 언어를 그로부터 배울 수 있는 기회를 기꺼이 받아들였다. 그러나 학생들 가운데 다수가 곧 지쳐서 그 유대인 선생님의 수업을 듣지 않게 되었지만, 구지는 그 선생님이 거기에 있는 동안 끝까지 자리를 지켰다. 나중에 그 선생님이 학생들과 함께 있는 동안에 그에게서 유익들을 받지 못한 이들은 그가 떠날 때에 자기들이 어리석었고 큰 손실을 입었음을 알고 한탄하지 않을 수 없었다고 한다. 이처럼 어떤 것의 가치란, 그것이 필요할 때에야 비로소 인정을 받는 법이다. 그러므로 그들은 즉시 구지에게 눈을 돌려서 그에게 히브리어를 가르쳐 줄 것을 청했고, 구지는 그 요구를 관대하게 들어주고 도움을 베풀었다. 그리고 그들을 가르치는 가운데서 오히려 그 자신이 히브리어에 대한 폭넓고 정확한 지식을 얻어 탁월한 히브리어 학자가 되었다. 이후에 그는 킹스 칼리지에서 논리학과 철학 두 분야에서 강사로 추천되었고, 이 유용하고 중요한 직무를 수행하면서 발휘한 그의 유능함으로 인해 큰 명성을 얻었다.

---

7) Horns's Comment. on Psal. cxix. 72.

연구원이던 때의 첫 해에 그는 자신이 읽었던 책들 가운데서 인용한 신학용의 『명문집』Commonplacebook을 만들기 시작했다. [8] 또한 그는 자신의 성경 책장들 사이에 깨끗하고 흰 종이들을 끼워 넣은 채로 제본하여, 거기에 성경 본문에 대한 간략하고 힘 있는 해설과 견해들을 기록했는데, 그러한 내용들은 어떠한 『명문집』의 항목들에서도 찾아볼 수 없는 것이었다.

　　킹스 칼리지에서 9년의 기간을 보내고 다양한 학문 분야, 특히 신학과 히브리어에 정통하게 되면서 구지의 아버지는 그를 집으로 돌아오도록 불러들였고, 돌아온 뒤 얼마 지나지 않아서는 결혼 생활을 시작했다. 사실 그는 대학에서의 생활이 너무 즐겁고 좋았기 때문에 평생토록은 아닐지라도 그가 보냈던 9년의 기간보다도 더 긴 기간을 거기에서 보내고자 했었다. 하지만 하나님의 섭리는 그의 발걸음을 다른 방향으로 인도하시어, 그리스도의 교회의 유익을 위해 그를 크게 공헌하도록 했다. 그러므로 결혼 생활에 들어간 직후로 그는 자신의 학문에 전적으로 헌신하기 위해 가정의 일반적인 일들을 모두 아내가 관리하도록 맡겼다. 그리하여 정규 과정들을 모두 마친 후 1607년에 그는 성직, 곧 거룩한 목회직을 수행하도록 인허를 받았고, 1608년 6월에 런던 시에 있는 블랙프라이어스 교구에서 실질적인 목회 사역으로의 부름을 받았다. 특히 이후로 몇몇 유명한 교회들에서 청빙을 제안받기

---

8) 당시에는 이러한 방법이 널리 사용되었던 것으로 보인다. [역자 주]

도 했지만, 그는 임종 시까지 그곳 블랙프라이어스의 교회에서 사역했었다. 그는 일찍이 자신의 가장 큰 바람은 다른 곳이 아니라 블랙프라이어스에서 사역하다 하늘로 부름을 받는 것이었다고 자주 말했었다. 이처럼 선한 일꾼들은 동료 인간들에게 선을 행하고, 어둠에서 불러 그 놀라운 빛에 들어가도록 부르시는 하나님의 덕을 선포할 능력과 기회만을 갈망할 뿐인 것이다. 한마디로 구지는 목회의 직무들을 본이 될 만큼 근면하고 충성스럽게 수행했다. 그가 주일의 공적인 사역들을 감당하던 유능하고 인상적인 방편들, 그리고 심방과 교리문답 교육의 유용하고 중요한 의무들에서 보여주었던 친근하고 겸손한 정신은 참으로 높이 칭송을 받을 만 한 것이었다. 예컨대 그는 통상적으로 주일에 공적인 기도를 여덟 차례를 했는데, 오전과 오후에 성경 낭독과 그에 대하여 해설하기 전과 후로 1번씩, 그리고 매 설교 전후로 1번씩이었다. 블랙프라이어스의 교회에는 회중이 많았기 때문에 그의 기도는 매우 잘 들리도록 분명하게 했는데, 이는 더욱 칭송을 받을만한 것이었다고 한다. [9] 특히 그는 회중에게 자신의 상상력이나 인간이 고안한 것이 아니라 하나님의 뜻만을 풀어내는 데에 유난히 열심이었을 뿐만 아니라 충성스러웠다. 그렇게 함으로써 회중을 충심으로 구원의 길에 이르도록 인도했으며, 그들에게 생명의 양식을 끊임없이 나누어주었을 뿐만 아니라, 연약한 이를 위로하고 격려하는 일에도 항상 힘썼다. 당시의 회중들은 그가 성경본문을 논리적으로 분석하고 난해한 성경

---

9) Leight's Treatise of Religious and Learned Men, Book iv. Chap. ii.

구절을 설명하는 데에 있어서도 탁월했다고 평했다고 한다. 더욱이 그가 표현하는 내용들은 명료하며 친숙했으니, 그러므로 그는 "명심하시오. 우리는 멋진 말이나 웅변적인 말을 하기 위해 설교단에 오르는 것이 아니라, 타락한 인간들에게 구원의 좋은 소식을 선포하고 영생의 길을 가리키며, 고통을 당하는 죄인들에게 권면하고 독려하며 지지해 주기 위해 거기에 서는 것입니다. 바로 이 같은 것들이 우리가 상세히 전해야 할 신앙적 주제들입니다. 이러한데도 웅변의 속임수를 용납하거나 웅변의 미학을 연구할 것입니까? 이 같은 진리와 권면이 가난하고 못 배운 이들에게 이해될 수 없는 표현으로 파묻혀야만 할까요? 그런즉 모든 웅변조의 설교자들은 어떤 이들에게 영원한 생명의 양식을 먹일 때에 과장된 말로 그 귀를 채우지 않도록 조심하기를 바랍니다! 웅변적인 설교자들이여, 자신들의 영광이 하나님의 영광을 대신하지 않도록 조심하십시오! 누군가가 멋진 이야기를 하고자 하는 의도를 가지고서 설교단에 오른다면, 그는 치명적인 죄를 범하는 것입니다."[10]라고 말했다.

구지의 목회 사역은 많은 영혼들에게 크나큰 유익을 주었다. 그가 주일에 공적인 사역을 마친 후에는, 가정에서 도움을 받지 못하는 어떤 이웃들이 그의 집에 방문하기도 했는데, 구지는 그들에게 친숙한 방법으로 설교를 반복하여 줌으로써 방문한 자들에게 큰 유익을 끼쳤

---

10) The Instructor, No. xlix. 394

다. 나중에 그는 자신이 맡은 교구에 있는 병든 이들과 성찬에 공적으로 참여할 수 없는 자들을 심방하기도 했는데, 구지는 그들이 처한 상황과 형편들로 말미암는 이점[11]을 활용하는 방법을 잘 알고 있었다. 특별히 교구민들이 성찬예식에 참여하기 전에 그들을 조심히 살펴보았는데, 그는 자신을 주 예수 그리스도와 그의 교회에 헌신된 종으로 여겼고 그의 왕이시자 주인이신 그리스도를 섬기는 일을 아주 중요하게 생각했으며, 그러한 섬김을 통해서 큰 기쁨을 얻을 수 있었다.[12] 그는 주 예수 그리스도께 대한 온전한 겸손과 변함없는 마음으로 살았던 것이다.

그는 매 주일에 두 번씩 설교를 하는 것 외에도 매 주마다 주중의 강좌를 진행했는데, 그 강좌에는 그가 시무한 35년 동안에 교구민들은 물론이고 런던에 사는 몇몇 목사들과 법학원The Inns of Court의 회원들, 그리고 일상적인 일들을 소홀히 하지 않는 가운데서 비정규적으로 런던을 방문하는 자들까지도 빈번히 참여했다. 아울러 그는 목회 사역을 아주 중요하게 여겨서, 자신의 모든 아들들이 하나님의 영광스러운 은혜의 복음을 전하는 설교자들이 되기를 열렬히 바랐다고 한다. 한 번

---

11) 이와 관련하여 웨스트민스터 공중예배 모범 10항의 "환자 심방에 대하여" 언급한 문구를 보면, "질병과 환난의 때는, 지쳐 있는 영혼에게 때에 맞는 말을 하나님께서 목사의 수중에 넣어주신 특별한 기회들이다."라고 언급한 것을 볼 수 있다. [역자 주]

12) 이에 관해서는 구지의 저서 『하나님의 전신갑주』(Whole Armour of God)의 앞부분에 있는 독자들에게 드리는 서신을 참조하라.

은 잉글랜드의 국새를 보관했던 코벤트리Coventry 경에게 "나는 코벤트리의 높은 지위와 관직을 부러워하지 않는다."고 말했다고 한다. 교인들에 대해 그처럼 훌륭하게 목회한 것으로 볼 때에, 그가 자신의 가족과 관련하여 더욱 존경스럽고 따뜻한 인품을 가졌으리라 짐작하는 것은 당연할 것이다. 실제로 그의 가정에서는 아침과 저녁으로 기도와 성경읽기, 교리문답 교육과 다스림government이 있었던 것으로 볼 때에, 그의 가정은 흡사 가정의 교회였다.[13] 이외에도 그는 친구들과 가족들 모두에게 즐거움이 되었으며, 참으로 존경할만한 그의 인품은 그의 거룩한 직분을 아름답게 장식해주었다. 공적으로나 개인적인 삶 모두에 있어서 그는 참으로 효과적인 모범이었으며, 우리의 경건을 촉발하고 하나님께 대한 우리의 사랑과 하나님의 일을 북돋우는 것으로 여겨질 것이다. "대략적인 기독교의 역사 전반에 걸쳐서 비치는 그의 위대하고 빛나는 모범들은 우리의 경건을 타오르게 하며, 가장 차갑고 무감각한 마음 가운데서도 하나님의 사랑과 덕을 북돋우는 존경스러운 성향을 가졌음에 틀림이 없다."[14] 그리고 "지금은 고인이 되었지만 이와 같이 훌륭한 분들에 대한 기억을 지속적으로 간직하는 것은 참으로 유익이 될 것임에 틀림이 없다. 그리고 우리의 신앙이 유행에 뒤쳐진 것으로 여겨지고, 순결한 참 신앙의 결실인 그들의 따뜻한 사랑이 가정에서 사라져가는 시대에, 그들의 귀감을 보여주는 것은 분명 유익

---

13) 이러한 가정의 모습과 관련해서는 웨스트민스터(혹은 스코틀랜드) 가정예배모범에 구체적으로 설명되고 있다. [역자 주]

14) Mosheim's Eccles. Hist. vol. i. Introduction. xx.

할 것이다. "15)

이제 공적일 뿐만 아니라 사적으로 행하는 주일성수에 관한 주제에 주의를 기울여보자면, 구지는 하인들이 적절한 시간에 잠을 청하여 주일을 준비할 수 있도록 주일 전날 저녁 시간에는 어떠한 정찬의 준비도 요구하지 않았다고 한다. 뿐만 아니라 주일에는 어떠한 경우라도 하인들이 방문객들의 접대를 위하여 자신의 집에 남아 식사를 준비하도록 하지도 않았다. 그에게 있어서 주일의 안식은 아주 고래로부터의 (창 2:3) 제도였던 것이다. 더구나 구지는 이 날을 결코 잊지 않도록 하시려고 하나님께서는 그 제도를 친히 십계명의 두 돌판에 "안식일을 기억하여 거룩하게 지키라"는 각별한 주의와 더불어서 계명 가운데에 포함이 되도록 하셨다(출 31:12-18; 20:8-11절을 보라)고 했다. 또한 이르기를 "사람들이 주님께 이 날을 대하는 방식에 따라 그 분에 대한 자신들의 마음의 참된 태도를 알 수가 있다. 이 날은 그들이 하나님께 어떠한 지식과 두려움16), 신앙과 소망, 그분 안에서의 어떠한 즐거움, 그분에 대한 어떠한 사랑 또는 그분을 닮고자 하는 어떠한 갈망을 지녔는지를 나타내 줄 것이다. "17)고 했다. 구지의 말에 따르면 한 번은 그가 옥스퍼드 주에 있는 워싱턴에서 한 무리가 주일을 질서 있고

---

15) The Christian Magazine. vol. vi. 50.
16) 오늘날 우리의 신앙에는 이 두 부분이 모두 결여되어 있는 것을 볼 수가 있다. [역자 주]
17) The Instructor, No. lvi. 455.

경건하게 지키는 것을 증진할 목적으로 모이는 것을 매우 기쁜 마음으로 지켜보았다고 한다. 그 마을의 성직자와 성인들, 그리고 이웃한 11개 내지 12개 교구는 그들의 영향력이 미치는 한 그 거룩한 날을 거스르는 것을 방지하는 것이 자신들의 의무임을 명심하여 다음과 같은 결의안에 동의했다.

(1) 하인들과 노동자들이 주일 전에 식료품이나 다른 물품들을 충분한 시간을 두고서 구입할 수 있도록 토요일이나 다른 요일에 임금을 지불해 줄 것.
(2) 매매 행위, 즉 주일에 자신들을 위해 어떠한 물품이나 생필품 등 무엇이건 간에 사거나 파는 행위를 금할 것. [18]

이러한 결의안들이 채택되는 동안 성직자들은 매우 훌륭하고 모범적인 행실을 따랐다. 그들은 각자의 교구에 속한 농부들을 개인적으로 방문하여 첫 번째 결의안에서 표현된 것처럼 자기 노동자들에게 신뢰를 잃지 않도록 적절한 시간에 임금을 지급했는데, 대부분은 아주 좋은 성과를 거두었다. 과거에는 임금 체불이 그러한 하인 계층(혹은 노동자 계층)에게 너무 빈번하게 발생하므로 주일을 지키지 않는 구실이 되었던데 반해, 그처럼 실행함으로써 이제는 임금 지불이 늦는다는 불

---

18) The Instructor, No. lvi. 451. Sept. 28, 1808.

평이 종식됐던 것이다. [19)]

사실 주일의 종교적인 준수는 하늘의 높은 권위로 우리에게 부과된 것이어서, 우리는 힘닿는 데까지 이 거룩한 날에 대한 위반을 방지해야 하며, 우리는 적극적인 경건의 동료들로 칭찬받을만한 모범과 합당한 권한을 통해 다른 이들이 주일을 성수할 것을 환기시키고 독려해야만 한다. 안식일의 주인이신 여호와 하나님의 이름으로 이사야가 우리에게 전한 신적인 말씀(사 58:13-14)의 권위에 따라 기꺼운 마음으로 주일을 지켜야 마땅한 것이다.

선지자가 무엇이라 말했는가?

그 날을 거룩함과 신성한 휴식으로 복되게 하라.

오락과 거래를 모두 몰아내며,

그것들이 들어오려는 순간 빗장을 걸어야 한다.

세상에서 혼합하여 들여온 것과 다른 행위로

모든 여섯 날과는 고귀하게 구별되도록 하라.

그의 말을 다시 들어보라.

그 날을 즐겁고 유쾌한 날이라 부르며 틀림없이 지키라고 말한다.

---

19) 이로 보건대 (1)항의 결의 내용의 배경은, 하인들이나 노동자들이 임금(품삯)을 받기 위해 마지못해서 주일에도 노동을 했었던 것임을 짐작해 볼 수가 있다. 그러나 미리 임금이 지불되므로 인해, 더 이상 임금을 받기위해 눈치껏 주일에도 일을 하는 일이 멈춰지게 되었던 것이다. [역자 주]

기뻐하는 영혼이 하늘에서 환영받는 손님이 될 때에,

그는 연회석에 앉고 하나님은 잔치를 베푸신다.

그러나 경솔한 자들은 분주하여 올 수가 없다.

이 부름에 대해 그들은 답한다.

불편하다고Not at Home. [20]

구지는 전 생애에 걸쳐서 아주 모범적이며 걸출한 인물이었지만, 어떤 냉소적인 자들로부터는 '우두머리 청교도'Arch Puritan라 불리기도 했다. 그러나 그는 너무나 많은 사람들이 경멸적으로 취급했던 예수님의 경건을 매우 존중했다. 그는 "일단의 비열하고 생각 없는 자들이 자신들이 누리는 온갖 좋은 것들에 대해 빚을 졌다고 생각하지 않고 감사한 줄도 모르면서 예수님의 경건을 무관심하게, 심지어 경멸스럽게 취급하곤 한다. "[21]고 말했다.

1611년에 구지는 신학사 학위the degree of Bachelor of divinity를 취득했고, 1628년에는 신학박사 학위를 받았다. 이 때쯤 그는 평신도 소유로 되어 있는 교회 재산을 매입하여 경건과 목회적 자질이 뛰어난 성직자들에게 나눠주기 위한 연합회의 한 이사가 되었는데, 그는 후에 이 때문에 성실청the Star Chamber[22]에 기소되기도 했다. 이 협회는 특

---

20) Cowper.

21) Mosheim's Eccles. Hist. vol. i. chap. i. end.

22) 15세기부터 1641년까지 잉글랜드에 존재했던 법원. [역자 주]

히 여러 도시와 마을 시장, 그리고 잉글랜드의 극도로 빈곤한 여러 지역에 하나님의 영광스러운 은혜의 복음을 증진시키기 위해 학식이 있고 능력 있는 목회자를 배치하려는 것이었다. 하지만 그 법정은 그들의 진행 과정을 불법으로 규정하고 협회를 해산하도록 했다.

한편, 1643년에 구지 박사는 웨스트민스터 총회의 신학자들 가운데 한 사람으로 지명되었고, 학식이 있는 단체들로부터 좋은 평판을 얻어서 그가 총회에 참석하지 않을 때에 중재자moderator가 되어달라는 잦은 요청을 받았다. 총회에 있어서 그는 매우 존경을 받을 뿐 아니라 유익을 끼치는 회원이었으며, 어떠한 사적인 일들보다 그와 같은 공적인 직무를 수행하는 것을 더욱 중요하게 여겼다. 따라서 그는 계속하여 총회에 참석하여 어떠한 시간도 허비하지 않고 총회 업무의 사이사이의 어느 때에든지 사용하기 위해 성경과 다른 책들 몇 권을 주머니에 넣고 다녔다고 한다. 주교제도가 부결되었을 때, 그리고 주교들은 왕을 따르지 않은 어떠한 사람도 (목사로) 임명하기를 거부했으므로, 웨스트민스터 총회는 이 일에 대해 자문을 의뢰받았는데, 이 때에 총회는 런던과 다른 여러 지역에 목사를 임명하기 위해서는 런던과 그 주변 및 다른 지역에 있는 어떤 경건한 목사들이 공공의 권위에 의해 지명되어야 한다고 조언했다. 따라서 그러한 권고에 동의한 상하원은 당분간의 목사들의 임명을 위해 1644년 10월 2일에 한 조례를 통과시켰다. 지명된 목사들은 거룩한 목회 사역을 감당할 자격이 있는 것으로 판단되는 모든 자들을 심사하고, 안수를 통해 임명하는 장로가 될 열

사람과 총회 회원들을 지명하는 일을 맡았는데, 구지 박사도 그 일을 맡은 자들의 수에 포함되었다.[23] 또한 이러한 임명에는 금식과 기도가 뒤따랐으므로, 그에 따라 그러한 엄숙한 수행에 특별히 유의하도록 감독을 받았다.

그는 다른 이들과 더불어 성경 해설에 있어 매우 신중하고 유다르게 정평이 나있는 주석 성경Annotations on the Bible을 집필하기 위한 위원회의 위원으로 국회에 의해 선발되기도 했는데, 그가 맡은 부분은 열왕기상부터 욥기까지였다. 클라크는 이 성경에 대해 "지성이 있는 독자라면 원문을 다루는 기술과 성경의 이야기들에 대한 숙달, 본문의 본래적 의미를 밝히는 판단력, 적절한 관찰을 날카롭게 부각시키는 것을 알 것이기에, 다른 어떤 주석가들의 도움이 없이도 이 간략한 주석 가운데서 자신이 가지고 있는 성경 대부분의 의미와 교리, 적용을 편리하게 이용할 수 있다."[24]고 했다.

그가 이 사역을 마쳤을 때에는 관례에 따라서 시온 칼리지Sion College의 학장으로 선출되어 성직자들에게 라틴어로 학문적이고 품위 있는 설교를 했다. 이 설교는 원고를 사용하지 않고 기억력에 의존해서 이뤄진 것이었는데, 그 가운데서 그의 몸은 약하지만 그의 정신적인 능력은 강하다는 사실을 입증했다.

---

23) Neal's Hist. Purit. vol. iii. chap. iv. Calamy's Cont. vol. i. 66, 67, -550.
24) Clarke's Lives.

뿐만 아니라 그는 상심한 영혼과 괴로워하는 양심을 따뜻하게 위로해 주는 사람이었다. 도시에서건 시골에서건, 사적인 그리스도인들이나 공적인 선생들이나 간에, 수많은 사람들이 그에게 의뢰를 하곤 했다. 그는 여러 해에 걸쳐서 런던에 있는 목사들의 아버지와 같은 존경을 받았으며, 불화를 진정시키는 데에도 큰 도움을 주었다. "화평케 하는 자는 복이 있나니, 그들이 하나님의 아들이라 일컬음을 받을 것임이요." 그는 사랑이 아주 많았으니, 모든 이들에게, 특히 믿음의 가정에 속한 자들에게 선을 베풀었다. 선행은 그가 추구하는 큰 목표였다. 또한 그는 쓸데없이 많은 부를 축적하는 것을 경멸했다. 그는 자신의 가족들이 적절하게 성장하는 것과 자기 친구들을 향한 관대한 후원, 그리고 빈한한 자들에 대한 자선과 구제에 세심히 마음을 기울였다. 아울러 그는 과부와 고아, 그리고 전혀 도움을 받을 수 없는 이들을 위해 자신의 능력을 사용했다. 순전히 자신만의 비용을 들여서 옥스퍼드 대학에 있는 몇몇 가난한 학생들을 부양했고, 다른 이들의 생계를 위해서도 후히 기부하기를 아끼지 않았다. 그는 자신이 은밀한 저축이라 부르던 것을 자신의 소득에 맞춰서 떼어놓아 가난한 이들을 위한 몫으로 성실히 배분해 주었다. "그는 그것을 사용하기 위하여서 부를 지녔으며, 명예로워지도록 재산을 사용했다."[25] 그는 자선의 빛나는 본보기였으며, 음식과 음료, 의복, 오락 등에 있어서 아주 훌륭히 절제했다. 루터와 같이, "그는 우아한 삶에 대해서는 이방인이었고

---

25) Plutarch's Lives, vol. iii. Cimon.

어떠한 이기적인 생각에도 사로잡히지 않았다. ”

　그는 젊은 시절로부터 임종에 이르기까지 시간에 있어서 위대한 절약가였다. 그의 복된 주님을 본받아서(막 1:35) 자신을 드릴 더 나은 기회를 가지기 위해 여름에는 보통 새벽 네 시에 일어났고, 겨울에도 해가 뜨기 전에 일어났다. 복된 예수님이 경건하게 따로 떨어져서 하나님을 즐거워하고 자신만의 시간을 갖기 위해 날이 밝기 전에 일어나신 것처럼 말이다. 그러므로 “우리는 헌신할 더 나은 기회를 잡기 위해 때로는 만족스러운 잠자리를 기꺼이 스스로 포기해야 한다는 것은 분명하게 옳은 것이다. 그리고 그것은 개인적으로 하나님과의 교제를 개발하기 위해 공적인 예배에 힘쓰는 이들에게 특별한 관심사항이 되어야 한다. 그들이 다른 사람들의 포도원을 돌보느라 정작 자기 자신의 포도원을 소홀히 하거나 피폐하게 하지 않도록 말이다. ”[26] 뿐만 아니라 구지 박사는 아주 신중하고 온화했으며, 겸손이 매우 깊게 배어 있었다. 그는 매우 친근한 사람이어서, 경건에 바탕을 둔 그의 우정은 풀잎 위에 맺힌 이슬과 같이, 그리고 비 개인 후에 빛나는 햇살처럼 많은 이들에게 매우 큰 유익을 끼쳤다. 그는 다른 사람이 간섭할 수 없고 이 세상이 줄 수도 없으며 받을 수도 없는 하나님과의 교제와 그분의 흘러넘치는 사랑 안에서 매우 즐거워하는 사람이었으니, 그런 사람들은 대게 말할 수 없는, 그리고 영광으로 가득 찬 기쁨을 지니고 있게

---

26) Doddridge's Family Expositor, 4to. Vol. i. Sect. 36. improvement.

마련이다.

"다른 이들이 헛된 즐거움을 쫓는 동안
그들은 하나님의 사랑을 영원토록 새롭게 맛본다."

그는 하나님을 선하고 완전한 모든 선물들을 주시는 분으로, 모든 복을 관대하게 나눠 주시는 분, 그리고 모든 사건들을 지혜롭게 처리하시고 배치하시는 분으로서 끊임없이 우러러보는 데에 아주 익숙했다. 그의 마음은 그가 받아왔던 은혜 속에 나타난 하나님의 호의를 느끼면서 깊은 감동을 받았다. 그는 하나님께서 베푸신 모든 특전에 대해 하나님께 감사하되 대단히 따뜻하고 힘차며 포괄적으로 그 감사함을 표현했다. 그러한 감사함은 해가 갈수록 풍성해졌고, 그의 생애의 모든 날들 동안 그와 함께했던 하나님의 선과 자비는 셀 수 없을 만큼 크고 강했는데, 그러한 것들을 경험하며 그 가운데서 인생길을 걸었던 것이다. 이 점에 있어서 우리들은 "호의를 더 많이 받을수록, 그리고 더 오래 살수록 하나님께 감사함이 더욱 풍성해진다. 그것은 그 자체로 매우 즐거운 예배와도 같은 것이며 기독교에 더 많은 명예로움이 된다. 그것은 이 세상에서의 여느 예배보다, 하늘에 있는 복된 이들이 하는 것, 즉 지치지 않고 방해받지 않고 끝없이 여호와를 찬양하는 일에 더 가까운 것이다! 천사들은 이 즐거운 행위를 끊임없이 행한다."[27]는 글귀를 떠올리게 한다. 이와 관련하여 시 145:7절은 "그들이 주의 크신 은혜를 기념하며 말하며 주의 의를 노래하리이다."라고 기록하고 있다. 성경에서 자주 발견하듯이, 하나님의 선하심 때문에 그분께 감사하는데 힘쓰는 성도들의 칭찬받을 만한 모범들은 우리가 본받도록 기록된 것이다. 이스라엘의 감미로운 시편 저자는 이 천상적인 사역에서 두드러지게 모범적인데, 그 점에서 이 글의 주인공이 결코 소홀히 다루어져서는 안 될 것이다. 클라크 씨Mr Clarke는 말하기를, 감사하는 면에 있어서 그와 같은 사람은 없었다고 한다. 그는 또한 진정으로 애통하는 마음과 매우 깊은 죄의 인식, 죄에 대한 크나큰 고통을 발견할 때에, 엄숙하고solemn 비상적인extraordinary 금식과 기도의 실천에 자주 몰두하곤 했다. 공적인 금식이 주교들에 의해 장려되지 않을 때에도, 그리스도인들의 개인적인 금식에 관련하여, 그는 우리들에게까지 큰 도움이 되었다. 위험에 처한 시기에 그는 전능하신 하나님께 범죄했음을 겸손하게 인정하는 이들과 더불어서, 때로는 매 달마다, 때로는 매 주마다 그의 집이나 본당에 속한 기도실vestry에서 금식하는 것을 많은 이들이 목격할 수 있었다.[28] 이렇게 엄숙한 상황에서 그는 야곱의 참된 아들과도 같이 간구와 더불어 경건한 고통의 눈물로써 하나님과 힘 있게 씨름하고, 애통하며 고백하는 악을 제하여 주시기를 구하며, 그들의 하나님이신 주님께서 "마음과 뜻을 돌이키

---

27) Christian Magazine, vol. vi. 27-9.
28) 이처럼 금식의 전통은 우리의 신앙과 경건에 있어서 중요한 훈련의 수단이었으나 지금은 잘 실천되지 않는 실정이다. [역자 주]

시고 그 후로 복을 내리"(욜 2:14)시도록 간구했다.

그는 국내와 국외에 있는 그리스도의 교회들의 상황에 관해 대단한 관심을 가지고 파악하고자 했다. 교회를 위해 하나님께 어떻게 간구해야 할지를 알기 위해 국내외 교회들의 상태에 대한 주목할 만한 정보를 간절히 알고자 했던 것이다. 이는 마치 "예루살렘아, 내가 너를 잊을진대 내 오른손이 그의 재주를 잊을지로다. 내가 예루살렘을 기억하지 아니하거나 내가 가장 즐거워하는 것보다 더 즐거워하지 아니할진대 내 혀가 내 입천장에 붙을지로다."(시 137:5-6)라는 말씀과 같이 말이다.

그는 그리스도를 높이고 자신을 낮추고자 열심히 공부했는데, 그는 버릇처럼 이르기를 "내 자신을 바라보자면 텅 빈 것과 함께 연약함 말고는 볼 것이 없지만, 그리스도를 바라볼 때에는 충만함과 충족함만을 볼 수 있습니다."라고 말하곤 했다. 사실 우리가 필요로 하는 모든 것들은 그리스도 안에서 발견되며 교회에 생명을 주시는 머리이신 그분에게서 나온다. 요 1:16절에서 "우리가 다 그의 충만한 데서 받으니 은혜 위에 은혜러라."고 한 것과 같이 말이다. "그리스도께서 우리에게 어떠한 가치가 있는지가 문제라고 옛 작가들은 말하지만, 이는 지상의 모든 성도들과 천상의 모든 천사들이 대답하기에는 몹시도 난처한 질문이다. 다만 우리가 확신할 수 있는 것 한 가지는, 우주 안에 있는 어떤 존재도 그분의 자리를 채울 수 없고 그분이 하실 수 있는 것을 우리로서는 결코 할 수 없을 것이라는 것이다. "[29] 이 점에 대해 구지 박사는 온전히 확신하고 있었고, 이 진리에 대해서도 충분한 증거를 지니고 있었다. 그의 육신의 손이 약하고 떨릴 때에도, 그의 영혼과 그의 신앙의 손길은 강하고 한결같았던 것이다. 그가 주의 만찬 가운데서 포도주 잔을 입에 대려고 마비된 손으로 간신히 잔을 움켜쥐었을 때에, 그는 확고하고 굳은 확신 가운데서 그리스도를 붙들었고, 거룩하고 영적인 목마름 가운데서 그리스도의 피를 그의 영혼에 부을 수 있었다. 그리고는 주의 만찬을 마치고 집으로 돌아왔을 때, 그는 구속자의 살과 피를 통해 받은 소성됨의 풍성함으로 인해 하나님께 매우 즐거운 가운데 감사와 찬양을 드렸다. 이처럼 우리는 그의 풍성한 선하심 때문에 항상 기쁘고 즐거운 마음으로 우리 하나님을 섬겨야 하는 것이다.

사실 유명한 인물들의 삶 가운데 있는 특별한 상황들을 상세히 살피는 것은 유익한 것인데, 특히나 그들의 고난과 죽음에 대해서는 더욱 그러하다. 그리스도인이 '정금같이' 되어 나오는 데 대해서 말하자면, 고난과 죽음은 '시련'의 시간인 것이다. 이 때에 그들은 '약해지지' 않기 위해 하나님의 도움과 위로가 필요하며, '범죄'하지 않기 위해 강한 믿음과 큰 인내와 자신을 내려놓는 것resignation을 필요로 한다. 이 글의 주인공인 구지가 결석과 천식, 폐질환, 그리고 다른 여러

---

29) Jay's Discourses for Families, vol. i. Disc. 28.

질병에 걸려서 극심한 고통을 경험했을 때에, 그는 그 고통으로 인해 하나님께 불평한 것이 아니라 오히려 자신의 죄 때문에 자기 자신을 책망했다. 그는 이제 하나님의 주권과 거룩하심, 모든 고통의 원인인 죄와 특히 자기 자신의 죄의 악한 본성에 특별히 주의를 기울였다. 그러므로 그는 종종 이르기를 '나는 참으로 큰 죄인이지만 참으로 위대하신 구원자 안에서 스스로 위로를 얻는다.'고 말했다. 예수님은 "모든 이름 위에 뛰어난 이름"(빌 2:9)이시기 때문이다. 그 이름은 죄인들에게 흠뻑 바른 연고와도 같다. 그것은 은혜로 구원받은 죄인들인 하나님의 백성들에게 가장 큰 기쁨이었다. 예수님은 자신이 모든 고통 가운데 있는 백성들을 그들의 죄에서 구원하셔서 그 백성들에게 위로를 주신다. 이것이 그 왕께서 그 종들에게 하신 일이다. 이 때문에 그는 이르기를 그의 몸에서 가장 격렬한 발작이 일어날 때에도, "그래, 이 모든 일들 가운데에도 결코 지옥이나 하나님의 진노란 없어"라고 말할 수 있었다. 그에게 고통은 그렇게 극심하지는 않았으나 고통의 심연을 들여다본 그는 "(나의) 영혼아, 잠잠하라. (나의) 영혼아, 인내하라. 네 건강을 이렇게 되도록 명하신 분은 네 하나님이시오 아버지시다. 너는 그분의 흙이니, 그분은 너를 원하시는 만큼 밟고 짓이기실 수도 있으시다. 너는 더욱 그럴만 하지 않느냐. 네가 지옥 밖에 있는 것으로도 충분하다. 네 고통이 아무리 극심해도 그것은 참을만한 것이다. 네 하나님께서는 그래도 숨 쉴 틈을 허락하시지 않느냐. 그분은 이 고통을 그분의 선으로 바꾸시며, 마침내 모든 것들을 끝내실 것이다. 이 중에 어떤 것이라도 지옥에서라면 있을 수도 없는 일이란

다. " 하고 스스로에게 말하곤 했으니, 그가 받은 고통은 오히려 하나님의 은혜를 받는 통로가 되었던 것이다. 마치 "환란은 인내를, 인내는 연단을, 연단은 소망을 이루는 줄 앎이로다. 소망이 우리를 부끄럽게 하지 아니함은 우리에게 주신 성령으로 말미암아 하나님의 사랑이 우리 마음에 부은 바 됨이니"라는 롬 5:4-5절의 말씀과 같이 말이다.

그는 고통을 지독히 느끼는 때에 "우리가 하나님께 복을 받았은즉 화도 받지 아니하겠느냐"(욥 2:10)는 욥의 말을 떠올리곤 했다. 그는 "내가 의탁한 것을 그 날까지 그가 능히 지키실 줄을 확신하노라"(딤후 1:12)고 말하며, 그리스도께 그의 영혼을 담대하게 의탁하곤 했다. 그의 친구들 중 누군가가 하나님께서 그에게 주신 은사들과 그를 도구로 하여 행하신 사역을 말함으로써 그를 위로하려고 할 때에, 그는 즉시 답하기를 "위로를 받으려고 그런 것들 가운데 어떤 것도 나는 감히 생각하지 않네. 예수 그리스도와 그분이 하신 일과 내게 인내해주신 것이 내 확실한 위로이자 유일한 위로일 뿐이라네. "라고 말했다. 이와 비슷한 형편에 처했었던 던디Dundee의 존 윌리슨John Willison 목사가 랄프 어스킨Ralph Erskine에게 보낸 편지에 기록한 감동적인 이야기도 마찬가지이다. 그 편지의 내용을 보면, "지금처럼 제 마음과 몸과 힘 때문에 낙심할 때, 제가 이따금 주 예수님의 진리와 관심사에 참여하고 그것들을 실제로 해낼 수 있는 것처럼 보이도록 노력한다고 해도, 이 모든 겉모습과 나의 모든 행위는 추한 누더기로 밖에는 인정되지 않습니다. 저는 오히려 제 의righteousness이시자 주님이신 그리스도 안에서 제 안식을 찾고 그분의 품에 내 머리를 누이기를 간절히 바랍니다. 예수님을 끌어안고 "이제는 말씀하신 대로 종을 평안히 놓아 주시는도다. 내 눈이 구원을 보았사오니"(눅 2:29-30)라고 말하며 시므온처럼 죽기를 원합니다. 그 동안의 과거 모든 경험들에서 벗어나고 지금 제게 주신 그리스도와 완전한 의를 향해 달려가며, 그러한 그리스도와 그의 의를 온전히 의지한다 할지라도, 제가 이뤄놓은 것이라고는 지극히 적어서 겉으로 드러나 보이는 것이 거의 없지만, 저는 때로 "내가 요단 땅과 헤르몬과 미살 산에서 주를 기억하나이다."(시 42:6)라고 말하곤 했습니다. 저는 이러한 의 위에서 숨 쉬고 소망하며 살아갑니다. 그리고 이 기반bottom 위에 누워 안식하며 죽을 뿐입니다. 이 기반 외에 다른 기반들은 전부 잘못된 것이며 속이는 것일 뿐입니다."[30]라고 기록하고 있다. 그러므로 이 주제야말로 우리의 가장 큰 관심을 모을만한 가치가 있으며, 그만큼 심각하게 생각할만한 것이다. 구지 박사는 살아 있거나 죽은 모든 부류의 인간들에게 큰 유익을 끼치는 인물이니, 그는 죽음의 침상에서도 그 주변에 모인 이들의 영적인 진보에 특별한 관심을 가지고서 구원자와 그 분의 길을 권면했다. 실제로 그의 친구들과 친지들은 그의 안위를 궁금해 하며 그를 찾아왔다가, 오히려 나중에는 크게 만족을 얻어서 돌아갈 수 있었다. 그는 살아서 뿐 아니라 죽음에 이르러서도 참으로 모범적이었던 것이다. 이처럼 가장 중대한 시련의 시기에도 그는 "하나님께 대한 회개와 우리 주 예수

---

30) Christian Magazine, vol. vi. 152-3.

그리스도께 대한 믿음"(행 20:21)의 절대적 필요성을 분명히 보여주었고, 하나님의 일반은총이나 우리 자신이 가진 것으로 멋대로 상상하는 의를 의지하며 죽는 것이 얼마나 위험한지를 분명하게 보여주었다. 하나님과 인간 사이에 있는 위대한 중보자야말로 죽음에 임한 그의 유일한 위로였던 것이다.

죽음에 더욱 가까이 다다를수록 그의 육신적 고통은 더욱 심해졌다. 하지만 그처럼 분명하게 죽음에 다가가면서도 그는 부지런히 시간을 활용했고, 그토록 쓰기를 원했으며 끝마칠 수 있기를 간절히 바라던 히브리서 주석[31]의 집필에도 꾸준한 진전을 보였는데, 하나님의 선하신 섭리 가운데서 한 장a chapter의 절반 정도를 마칠 수가 있었다. 그의 몸이 더욱 병약해져서 침상에서 일어날 수조차 없게 되었을 때에, 그는 이렇게 말했다. "이제 내가 이 세상에 살아있을 날이 그리 많지가 않군. 떠날 때가 가까이 이른 것이겠지. 바라던 하늘에 나아갈 날이." 그는 평소에도 그에게 문안을 온 친구들에게 자주 "나는 기꺼이 죽을 것이라네. 죽는 것 밖에는 할 수 있는 게 없으니, 주님께 감사할

---

31) 『히브리서에 대한 주석』A Commentary on the Epistle to the Hebrews, 2 vols. folio, London, 1655. 이 주석은 학문적이면서도 아주 유용한 작품으로 정평이 나왔다. 경건한 윌킨스 주교Bishop Wilkins는 구지 박사의 설교들을 그 시대에 최고로 탁월한 것이라 칭할 수 있는 것으로 분류한다. 주석 성경English Annotations에 있어서 구지 박사가 맡은 부분은 이미 언급했으나, 특별한 설명은 가타커Gataker의 생애에서 찾아볼 수 있다. 구지 박사는 닐 주교Bishop Neile의 선동으로 핀치Finch의 저서 『유대인의 부르심』The Calling of the Jews을 재출간한다는 이유로 투옥되기도 했다. 그로 인해 구지 박사는 9주 동안 감옥에 갇혔다가 석방되었다.

뿐이라네." 라는 말을 하곤 했다. 심지어 그는 '죽음'에 대해, 예수 그리스도 다음으로 가장 가까운 친구라고 부르곤 했다. 그는 이미 죽음에 아주 익숙했으니, 그러한 익숙함은 이러한 고통의 시기 가운데서 그에게 아주 유익한 것이었다. 하루는 그의 누이가 찾아와서 '이렇게 너를 홀로 떠나보낸다는 것이 난 두렵구나.'라고 말하자, 그는 이르기를 "누님, 나는 죽을 때에 예수 그리스도께서 함께 계시는 것을 확신합니다. 그러니 상심하지 마세요."라고 답했다고 한다. "온전한 사람을 살피고 정직한 자를 볼지어다. 모든 화평한 자의 미래는 평안이로다."라고 한 시 37:37절 말씀처럼 말이다.

임종의 때가 그야말로 가까이 다다랐을 때, 그는 죽음이 가까웠다는 기대감으로 그의 영혼은 오히려 며칠 전에 그랬던 것보다도 더 생기 있고 기쁘며 쾌활한 가운데 있었다. 그는 마치 이미 하늘에 거하여 있는 사람처럼 그 목소리까지 이미 매우 천상적이었다very heavenly고 한다. 그는 말하는 도중에도 하나님의 값없는 은혜를 자주 찬양하고 예수 그리스도의 부요한 자비를 자주 언급하곤 했다. 경건의 능력과 영혼 속에 있는 하나님의 은혜의 힘이 마지막에 이른 중대한 시련의 때에 구지 안에서 분명하게 드러났다. 그는 블랙프라이어스의 목사로서 약 46년간을 사역해 오던 1653년 12월 12일에, 그의 나이 79세에 참으로 편안하고 경건하게 임종에 이르러 예수 그리스도 안에서 잠들었

다. [32]

구지에 관하여 닐 씨Mr Neal는 말하기를 "그는 수수하고 겸손하며
온화한 사람이면서도, 엄격하고 모범적인 경건의 사람이었을 뿐 아니
라 세계적인 신학자였으며, 그가 설교단에 설 수 있을 때까지 매우 한
결같은 설교자였다."고 했다. 이는 칼라미 박사Dr Calamy도 비슷하게
말하는 바다. [33] 풀러 박사의 역사Dr Fuller's History를 보면 킹스 칼리지
의 박식한 저자들 가운데서도 이 칼리지의 명사들의 목록에 구지의 이
름이 등록되어 있다. 그의 저서들과 여기에서 언급된 전기 작가들, 그
리고 번햄의 경건한 연대기들Burnham's Pious Memorials에서도 그의 기억
은 정성들여 보존하고 있고, 그의 실제적인 인품에 대해서도 후손들에
게까지 잘 전해졌다. 우드Wood는 그를 가리켜서 "경건하고 박식한 설
교자"라 칭하면서, "그는 푸치우스Voetius와 스트레소Streso, 그리고 다
른 외국의 신학자들에게서 자주 명예롭게 언급되며, 청교도들에게 있
어서도 그의 겸손과 인내, 신앙 등에 있어서 뛰어나다는 평가를 항상
받는다."고 했다. 그랜저Granger는 그가 캠브리지 대학교의 킹스 칼리
지의 학료장Provostship을 제안받았으나 고사했으며, 특히 그는 근면하
고 모범적이므로 너무나 많은 사랑을 받은 인물이어서, 신앙 자체를
우습게 여기거나 험담하는 성향을 가진 이들을 제외하고는 얕잡아보

---

32) Clarke's Lives of eminent Dinines ; Neal's Hist. Purit vol. iv. General Biogr.
   vol. iv. London, 1803.

33) Calamy's Cont, vol. i. 12.

거나 험담하는 사람들이 전혀 없었다고 했다. [34] 구지 박사의 장례식 설교는 약 20년에 걸쳐서 그의 조력자였던 윌리엄 잰킨 씨Mr William Jenkin가 수행했으며, 구지 박사의 뒤를 이어서 담임목사가 되었다. 또한 윌리엄 구지의 아들인 토마스 구지의 죽음에 대한 와츠 박사Dr Watts 의 탁월한 애가시elegiac poem에 따르면, 리처드 로버츠 씨Mr Richard Roberts는 그의 장녀와 결혼했다. 그러나 안타깝게도 이 뛰어난 세 신학자들[35]은 1662년에 통일령the Act of Uniformity에 의해서 면직이 되었다.

---

34) Granger's Biog. Hist. vol. ii. 179.
35) 윌리엄 구지의 아들인 토마스 구지, 와츠 박사Dr Watts, 리처드 로버츠씨Mr Richard Roberts를 말하는 것으로 보인다. [역자 주]

PART I :

안식일(주일)은 어떤 근거로서의
도덕성을 가질까?

(The Grounds of the Morality of
the Sabbath. Question 1-4)

Point:

오늘날 우리들은 주일Lords day에 대해 너무도 느슨한 인식을 지니고 있습니다. 특별히 그것이 십계명의 제4계명이며, 십계명의 모든 내용들이 결코 의식과 문화에 관한 명령이 아니라 신앙 양심과 도덕에 관련된 것임을 볼 때에, 주일성수의 문제는 결코 느슨하거나 가볍게만 생각해서는 곤란한 것인데도 말입니다.

이 문답에서 구지는 주일 성수를 안식일 성수와 동일한 맥락으로 보며, 마지막 때까지 항구적으로 지켜야 할 하나님의 명령으로 설명하고 있습니다. 구약의 수많은 제사제도에 관한 성경의 규정들은 대부분 예수 그리스도 이후로 폐지되었지만[36], 율법의 근간 자체는 항구적인 도덕법으로서 구약시대나 신약시대를 막론하고 마지막 날까지 존속하는 것입니다. 따라서 오늘날 우리들이 지키는 주일은 안식일로서의 주일, 곧 구약의 안식일에 내포된 실체를 그대로 간직하고 계승한 도덕법으로서의 계명을 따라 지키는 것이 마땅한 것입니다.

특히나 그처럼 안식일로서의 주일을 성수하는데 있어서 중요한 것

---

36) 그것이 예수 그리스도께서 이루신 이 땅에서의 사역을 예표하는 것들이거나 예수 그리스도의 희생을 나타내는 것인 한, 모든 구약의 제사제도와 규례들은 예수 그리스도 안에서 그 의미하는 바가 성취되었고, 따라서 더 이상 예표 할 필요가 없기에 폐기된 것입니다. 실체이신 그리스도께서 이 땅에 오셔서 그 모든 예표를 성취하신 이상, 그것들은 그림자와 껍데기가 된 것이지요.

이 예배당에서 공적인 예배와 여러 부수적인 일들로서 수행하는 경건에 속한 의무들 외에, 각 가정에서나 개인적으로 수행하는 경건의 의무, 그리고 모든 이웃들에게[37] 섬김과 봉사의 의무들을 수행하는 가운데서 비로소 온전히 주일을 지키게 되는 것이라는 점입니다.

질문1 : 안식일은 도덕적인 것입니까, 아니면 의식적인 것입니까? [38]

대답1 : 도덕적인 것입니다.

그것은 도덕적인 것으로 간주되는데, 모든 시대에, 모든 장소의, 모든 사람들을 [삶의 규칙으로서] 묶는bindeth 것입니다.

[39]

모세를 통해 히브리 백성들에게 전달된 십계명의 네 번째 계명은 잘 아는 바와 같이 "안식일Sabbath을 기억하여 거룩히 지키라"는 것입니다. 그런데 안식일 계명이 포함된 십계명은 기본적으로 모세 때에 시내산에서 하나님께 받은 것일지라도, 그 원형과 원리에 있어서는 아담에게 하나님께서 허락하신 것("동산 각종 나무의 열매는 네가 임의로

---

37) 주께서 말씀하신 이웃은 도움을 필요로 하는 모든 자들입니다.
38) 이 질문의 요지는 안식일에 관한 율법이 구약시대에만 한정되는 문화적인 것(의식법)이냐, 아니면 인간의 양심과 도덕에 결부된 항구적인 것(도덕법)이냐이다. [역자 주]
39) "which (as a rule of life) bindeth all persons, in all places, at all times."

먹되" 창 2:16)과 더불어 금하신 것("선악을 알게 하는 나무의 열매는 먹지 말라" 창 2:17)으로서 이미 제시되어 있었습니다.

◆ 율법을 따라 행함은 언제부터 사람에게 요구되었을까요? [1]

◆ 그러한 율법은 크게 몇 부류로 구별할 수 있을까요? [2]

◆ 그러한 율법에 있어 아담이 하나님께 범한 것은 무엇입니까? [3]

◆ 위의 질문으로 보건대 율법에 있어 우리(타락한 아담의 후손)가 범하기 쉬운 것은 어떤 것일까요? [4]

이처럼 율법은 이미 십계명으로 시내산에서 모세를 통해 제시되기 이전부터 사람들에게 제시되어 있었으며, 바로 그러한 율법의 원리에 따라 십계명의 모든 계명들도 두 종류로 분류되는 것입니다. 그러므로 십계명 또한 하나님 앞에서 마땅히 행할 것과 행하지 말아야 할 것으로 크게 나누어 볼 수가 있는데 네 번째 계명과 다섯 번째 계명은 행하도록 한 것들이고, 나머지 계명들은 모두 금하고 있는 것들입니다. [40]

그런데 그러한 율법을 두 부류로 구별하는 또 다른 방법이 있으니, 그것은 바로 "의식법"ceremonial law과 "도덕법"moral law으로서의 구별입니다.

◆ 구약의 제사와 관련된 율법적 규칙들은 무엇으로 분류될까요? [5]

◆ "의식법"은 현대에도 그대로 지켜져야 마땅한 것입니까? [6]

◆ 십계명 가운데에 "의식법"에 속하는 것은 없을까요? [7]

◆ 십계명의 네 번째 계명(안식일 계명)은 "의식법"이 아닐까요? [8]

◆ 십계명이 "도덕법"인 한, 그것은 영구히 지켜져야 마땅합니까? [9]

---

40) 십계명은 또한 하나님에 대한 계명들(1-4계명)과 사람들에 대한 계명들(5-10계명)로도 분류되는데, 하나님에 대한 계명들에서는 네 번째 계명 이외의 세 계명이 금지명령이고, 사람에 대한 계명들에서는 다섯 번째 계명 이외의 다섯 계명이 금지명령으로 되어 있다.

율법에 있어서 '제사형식'이나 '절차' 그리고 '절기' 혹은 '복장' 등에 관한 것들을 지칭하는 "의식적"인 것들과 구약의 '사회제도' 등은 (예수 그리스도의 언약 성취로 말미암은) 신약의 복음 가운데 폐지되었고, 다만 "도덕적"인 것들만 신약시대 이후로도 여전히 지킬 삶의 규칙(법)으로 존속합니다. 그런데 십계명 가운데 네 번째 계명인 안식일(주일) 계명에는 구약시대의 안식일 규례들과 같이 '잠정적인 것'에 속하는 요소들[41]도 있으며, 그런 요소들은 대부분 예수 그리스도의 완전한 구속의 성취로 말미암아 폐지되었습니다. 그러나 안식일 계명에는 도덕적인 요소가 또한 내포되어 있으며 그것은 예수 그리스도로 말미암아 더욱 지키도록 강조되었으니, 바로 그것이 '안식일 계명'에 담긴 참된 율법의 내용이자 정신인 것입니다.

◆ 그렇다면 이 문답에서는 안식일 계명의 도덕적 요소를 다루고 있는 것이겠군요? [10]

◆ 이 문답에서는 그처럼 도덕적인 것으로 간주되는 안식일 계명에 대해 어떻게 설명하고 있습니까? [11]

---

41) 예컨대 출 35:3절에서 "안식일에는 너희의 모든 처소에서 불도 피우지 말지니라." 고 한 것 등.

◆ 그렇다면 안식일 계명의 도덕적 성격이 모든 인류에게 적용된다는 말입니까? [12]

칼뱅에 의해 작성된 제네바 교리문답(1541)을 보면, 제171문답에서 의식ceremony 외에 십계명의 네 번째 계명인 안식일 계명에 담긴 세 가지의 의미(영적인 휴식, 교회적 예배제도를 보존함, 종들의 위안을 위함)를 언급하는데, 특별히 종들의 "위안"relief[42]이라는 의미에서 모든 인류에게 적용되는 삶의 규칙이라 하겠습니다. 그러나 창 2:2절 말씀은 안식이 태초의 창조 때부터 하나님으로 말미암아 시작된 것으로 기록하고 있어서, 안식일 계명이 태초부터 모든 인류에게 동일하게 제시되었던 것을 파악할 수 있게 합니다. 그러므로 안식일 계명에 담긴 나머지 두 의미(영적인 휴식, 교회적 예배제도를 보존함) 또한 "모든 인류에게 적용되는 삶의 규칙"이었음을 알 수가 있습니다. 그런데 구지의 이 문답은 그것이 도덕법으로서 "모든 시대에, 모든 장소의, 모든 사람들을 (삶의 규칙으로서) 결속시키는 것"이라고 더욱 명료하게 답변할 수 있도록 하고 있는 점에서 아주 독특하면서도 탁월하다 하겠습니다. 오늘날 우리들이 사는 시대에는 이러한 설명을 직접 적용시키기가 매우 곤란하지만, 우리의 삶과 신앙이 성경에 근거하여 온전히 회복될수록, 이러한 설명이 적절하다는 것을 알 수가 있을 것입니다.

---

42) 일하는 모든 사람들의 육체적·정신적 고통을 경감시켜 주는 의미.

질문2 : 어떻게 그것이 도덕적이 됩니까?

대답2 : 첫째로, 그것은 아담의 무죄성 가운데서 거룩하게 되었습니다. (창 2:2-3) – 아담은 그의 무죄한 상태 가운데서 공적인 사람[43]이었으며, 그의 허리에 모든 인류를 담고 있었으니: 그것에는 유대인과 이방인의 구별이 없었습니다. 따라서 그에게 지키도록 주어진 것에 있어서는 어느 시대든지 그에게서 나오는 모든 이들에게 적용됩니다.

둘째로, 그것은 도덕법의 십계명 가운데 하나다. (출 20:8) – 그것은 다른 계명이 덧붙여진 것이 아니며: 다만 그 자체에 포함되어 있었던 계명입니다. 만일 그것이 폐지됐거나, 혹은 의식적인 것으로 여겨진다면, 도덕법의 아홉 계명도 마찬가지일 것인데: 성경의 신 4:13절과 10:4절, 출 34:28절의 말씀은 이와는 다르게 말하고 있습니다.

율법은 시내산에서 십계명으로 주어지기 전에, 이미 에덴동산에서의 생육하고 번성하라는 명령(창 1:28-9)과 함께 선악을 알게 하는 나무의 열매를 먹지 말라는 금지명령(창 2:16-7)으로써 아담에게 제

---

43) 모든 인류의 대표로서의 공적인 사람을 말합니다.

시되어 있었음을 다시 한 번 기억하시기 바랍니다.

◆ 창 1:26절의 "아담"에 대해 고전 15:45절은 어떻게 칭하고 있습니까? [13]

◆ 고전 15:45절에서 말하는 "마지막 아담"은 누구를 말합니까? [14]

◆ 고전 15:47-8절은 첫 사람(아담)과 둘째 사람(예수 그리스도)를 각각 어떤 대표로 말합니까? [15]

창세기 1장과 2장에서 "사람"으로 번역된 단어와 "아담"으로 번역된 단어는 동일하게 "아담"이라는 히브리어로 표기되어 있습니다. 그런즉 창세기 1장과 2장에서 말하는 아담은 모든 사람들을 대표하는 이름인 것을 알 수 있습니다. 또한 고전 15:45절에서 사도는 아담을 가리켜 "첫 사람"이라고 하여, 그가 대표성을 띠는 인물이었음을 나타내고 있습니다.

◆ 아담이 "첫 사람"(모든 인류의 대표)이었을 때에 그는 이미 죄를 지어 타락한 자였습니까? [16]

◆ 아담에게 행할 것과 행하지 말 것으로서의 율법이 주어진 때는 타락한 이후입니까, 타락하기 전입니까? [17]

◆ 그렇다면 아담에게 주어진 율법은 모든 인류에게 적용됩니까? [18]

◆ 모세에게 주어진 십계명보다 먼저 아담에게 주어진 율법이 있었다는 것은, 십계명의 원형이 아담에게 주어진 율법이라는 말이겠군요? [19]

◆ 그렇다면 십계명도 그 도덕적 원형에 있어서는 모든 인류에게 적용되는 것입니까? [20]

출 20:17절의 열 계명들에 대해 출 34:28절은 "언약의 말씀 곧 십계명"이라 칭했습니다. 그러므로 출 20:8절의 "안식일을 기억하여 거룩하게 지키라"는 계명은 언약의 말씀으로서의 십계명임이 자명한 것입니다.

그런데 예수 그리스도께서도 율법에 관하여 말씀하시기를 "내가 율법이나 선지자를 폐하러 온 줄로 생각하지 말라 폐하러 온 것이 아니요 온전하게 하려(완전히 이루려고) 함이라"(마 5:17)고 하셨고, 더욱이 19절에서는 "이 계명 중의 지극히 작은 것 하나라도 버리고 또 그같이 사람을 가르치는 자는 천국에서 지극히 작다 일컬음을 받을 것"이라고 하셨습니다. 그러므로 율법의 모든 뜻을 완전히 이루시려고 그리스도께서 오셨을지라도 십계명 중의 하나라도 버리신 것이 아니라, 도덕법으로서 여전히 지키고 행하도록 말씀하신 것임을 알 수가 있습니다. 마찬가지로 사도 야고보는 약 2:10절에서 이르기를 "누구든지 온 율법을 지키다가 그 하나를 범하면 모두 범한 자가 되나니"라고 했습니다. 즉 십계명의 구체적인 실천과 관련하는 수많은 의식법과 사회법 등은 다 폐지되었어도 도덕법으로서의 십계명의 원 취지는 여전히 존속하며, 그 가운데 넷째 계명인 안식일 계명도 여전히 도덕법으로서 존속하는 것입니다. 바로 그것이 "천지가 없어지기 전에는 율법의 일점 일획도 결코 없어지지 아니하"리라는 마 5:18절 말씀의 의미인 것입니다.

질문3 : 안식일은 몇 시간으로 되어 있습니까?

대답3 : 이십사 시간입니다. (창 2:3) – 안식일은 제 칠일이라 부르니 그것은 일주일의 일곱 번째 부분이기 때문이며, 그러므로 일주일 가운데 다른 날들이 (이십사 시간인 것)과 같이 이 날도 그렇게 여겨져야만 하는 것입니다.

질문4 : 그 모든 시간이 다 거룩합니까?

대답4 : 그렇습니다. (출 20:11) – 주님께서는 제 칠일을 종일whole 쉬심으로, 그 모든 시간들을 그가 거룩하게 하셨습니다. (창 2:2-3)

창세기 1장에서 각각의 날들은 "저녁이 되고 아침이 되니"라는 말씀 가운데서 나눠져 있습니다. 즉 하루의 모든 일과들(창조의 일들) 뿐 아니라 저녁이 되고 아침이 되는 것까지 포함하여 하루(날)로 칭하고 있는 것입니다. 그러므로 일곱째 날인 안식일에 대해서도 동일한 방식으로 하루 온종일(24시간)을 지칭하고 있는 것입니다.

◆ 창 2:3절 말씀은 일곱째 날을 남다른 날로 언급하고 있습니까? [21]

◆ 그 날은 어떻게 하여 복되고 거룩하게 되었습니까? 22)

◆ 출 20:11절 말씀은 어떻게 하는 것이 안식일을 기억하여 거룩하게 지키는 것이라 했습니까? 23)

창세기 1장과 2장에 걸쳐서 언급된 날들은 이십사 시간 전체로서의 각각의 날들을 지칭합니다. 그러므로 일곱째 날도 이십사 시간 전체로서의 한 날이며, 그처럼 이십사 시간 전체로서 복되고 거룩한 날이라고 성경은44) 명백히 기록하고 있습니다.

이처럼 안식일로서의 일곱째 날은 온 종일에 걸쳐서 쉼(안식)으로서 복되고 거룩하게 보내야 할 것인데, 그 같은 안식일의 계명은 의식법에 속하는 일시적인 계명이 아니라 도덕법에 속하여 모든 시대와 모든 곳들에서 항상 요구되는 삶의 규칙인 것입니다. 따라서 그 같은 안식일의 도덕성의 근거는, 창조 시에 제시된 항구적인 계명의 성격으로서 있는 것입니다. 즉, 율법의 다섯 번째 계명인 안식일 계명은 결코 부수적인 의식적 예법의 계명이 아니라 태초의 창조질서에 속한 율법의 항구적인 요구와 의무를 전제하는 아주 중요한 계명입니다.

---

44) 그러나 그것은 하나님의 말씀으로서 주도되어 기록된 것으로 언급되어 있습니다.

◆ 창 2:2-3절 말씀은 "일곱째 날을 복되게 하사 거룩하게" 하시는 분이 누구임을 나타냅니까? [24)]

일곱째 날인 안식일의 제정과 관련하여 우리들이 항상 생각하여야 하는 것은, 그 기원이 어디에 바탕을 두고 있는가 하는 점입니다. 안식일의 제정은 인류가 편의에 따라 선택하여 제정한 것이 아닙니다. 오히려 창세기 2장은 안식일의 제정이 창조의 완성과 안식에 직접적으로 연관되었음을 알게 합니다. 즉 창조의 능력을 지니신 분만이 또한 안식을 제정하실 수가 있는 것입니다. 이 점은 나중에 '주일'Lords day과 관련해서도 중요한 부분입니다.

PART Ⅱ :

주일(주님의 날)이
그리스도인들의 안식일인 증거

(Proofs that the Lords Day is
the Christians Sabbath.
Question 43-47)[45)]

---

45) 이 부분은 원래 순서상으로는 Ⅱ권에서 다뤄져야 할 문답들이나, 안식일과 주일의
관계에 대한 이해를 먼저 정립하고자 여기서 다루어보도록 한다. [편집자 주]

Point:

'안식일'의 히브리어는 '욤 바트'(שַׁבָּת יוֹם)로서, '바트'은 '멈추다'라는 뜻입니다. 즉 창 2:2절에 기록된바 "하나님이 그가 하시던 모든 일을 그치고[멈추고] 일곱째 날에 안식하시니라."는 데에 기원을 두는 단어인 것입니다. 그러므로 안식일은 기본적으로 모든 일을 마치고 일을 멈추는 것을 나타내는 단어입니다. 느 13:19절 말씀은 기록하기를 "안식일 전에 예루살렘 성문이 어두워갈 때에 내가 성문을 닫고 안식일이 지나기 전에는 열지 말라."고 했는데, 이렇듯 안식일은 여섯째 날 저녁의 일몰로 시작되는 것입니다.

반면에 '주님의 날'인 '주일'은 헬라어 '헤 퀴리아케 헤메라'(ἡ κυριακή ἡμέρα)로서, '주님께 속한 날'의 뜻입니다. 이는 계 1:10절에서 완전한 형태로 기록되어 있으며, 이외에 마 28:1절이나 막 16:2, 9; 눅 24:1; 요 20:1, 19절 등에는 "안식 후 첫날"로 기록되어서 일곱째 날인 안식일 다음날 아침부터 시작되는 것으로 언급하고 있습니다.

이처럼 안식일과 주의 날은 그 날에 있어서 분명한 구별이 있으며, 그 구별의 내용에 있어서도 한 주간을 마치는 날[안식일]과 한 주간을 시작하는 날[주일]로서의 차이를 보여주지만, 그 맥락과 본질에 있어서는 동일하다고 구지는 설명해 줍니다. 그러므로 우리들은 지금 안식일로서의 주일을 지키는 것인데, 그러한 주일의 성수에 있어서도 안식일의 의미와 규정들이 상당부분 적용되고 실천되는 것이기에, 우리들은 바로 그러한 의미들을 구지의 문답들 가운데서 파악하고 숙지해야할 것입니다.

질문43 : 이제는 우리 주님의 날이 참된 안식일입니까?

대답43 : 그렇습니다.

질문44 : 그것을 입증할 근거는 무엇입니까?

대답44 : 첫째, 신적인 기원입니다.

이것이 가장 최선의 근거다. 심지어 사람의 판단과 논의하는 바를 결정하기에 충분하다. 신적 권위란 성경에 규정되어 있는 것으로, 지침으로 표현되거나 실제로 실행된 것이다. 이 후자는 성경에서 가장 명백하다. 그리스도의 제자들은 그 주간의 첫날(우리 주님의 날)에 그리고 다시금 팔일 후(요 20:19, 26), 즉 그 주간의 첫날을 계산해서 함께모였음이 기록되어 있으며, 그리스도의 승천 이후로 "그들이 다 한 곳에 모였"(행 2:1)을 때 성령께서 그들 위에 갈라진 혀로 내리셨다. 그 이후로 여러 해 후에 그리스도인들에 대해 기록하였으니, "그 주의 첫 날에 그들이 함께 빵(성찬의 빵을 의미함)을 떼기 위해 나왔"으며, 바울은 그 기회에 그들에 대해 설교했다(행 20:7). 그들이 함께 앉는 이 같은 방식의 정착은 그들의 관습을 암시하는데, 다음의 경우에 더욱 분명히 드러나며(고전 16:2), 거기에서 사도는 그들에게 고통을 겪고 있는 자들을 구제하기 위한 연보를 모아두기 위해 함께 모이는 기회를 갖도록 권고했다. 이것은 한 번 행할 것으로 정해진 것이 아니라 그 주의 첫 날에 매번 지키도록 정해졌다. 그러면 왜 그 날인가? 분명 [그날은] 그들이 성대히 모일 수 있는 때로서 서로를 독려하며, 그들의 헌신은 더욱 풍성할 것이기 때문이다. 그뿐 아니라 [그날은] 하나님의 질서를 지킬 수 있는 시간이기 때문이며, 그렇게 함으로써 그들의 영혼을 더욱 풍성하고 활기차게 할 필요가 있기 때문이다. 계 1:10절의 주의 날 이라는 명칭이 이 날보다 더 잘 어울리는 날은 없다. 왜냐하면 '주' 라는 칭호는 의문의 여지가 없이 주 그리스도(고전 8:6)를 의미하기 때문이며, 이는 신약성경에서 보통은 그에게 주어진 것이다. 이제 그 날을 명명함과 그의 이름의 영예가 돌려지는 데 있어서, 우리가 이전에 들은 바와 같이, 이제껏 교회가 함께 모이기에 매우 익숙했던 그의 부활의 날이 가장 적절하게 적용될 수 있다. 이러한 근거 위에서, 주 중의 첫째 날인 이 날을 오늘까지 '주의 날' 이라 칭한다. 바로 이 날이 교회에 의해 주 그리스도께 대한 영예로 돌려졌으며, 사도 요한은 이 날에 자신을 거룩하게 헌신하여 바쳤고, 성령께서도 바로 이 거룩한 날에 그 책에서 언급했던 천상적인 계시를 그에게 보여줄 기회를 취하셨다.

구약시대로부터 율법의 제정이나 제사[예배]제도와 같은 것들의 제정은 우리들이 임의로 할 수 있는 것이 아니라 하나님께서만 하실 수 있었습니다. 예컨대 모세의 두 돌판에 새겨진 십계명은 하나님께서 제정하신 것이며, 이후로 모든 제사제도와 심지어 성막의 양식조차도 하나님께서 지정하신대로 짓도록 되어 있었습니다. 물론 구약시대에 하나님께서 제정하신 율법이나 제사법들의 취지는 호 6:6절의 "나는 인애[자비]를 원하고 제사를 원하지 아니하며 번제보다 하나님을 아는 것[지식]을 원하노라."는 말씀이 잘 나타내주고 있습니다. 그런즉 하나님을 아는 것(호 6:3)이야말로 하나님을 사랑하는 첩경이며, 또한 타인에게 자비와 사랑을 행하는 것이야말로 이웃을 사랑하는 것의 첩경인 것입니다. 신약시대에 예수께서도 이를 다시 한 번 확인하시어 이르시기를 "네 마음을 다하고 목숨을 다하고 뜻을 다하여 주 너의 하나님을 사랑하라 하셨으니, 이것이 크고 첫째 되는 계명이요. 둘째도 그와 같으니 네 이웃을 네 자신같이 사랑하라 하셨으니, 이 두 계명이 온 율법과 선지자의 강령이니라."(마 22:37-40)고 말씀하신 것입니다. 이처럼 하나님께서 제정하신 율법과 그 취지는 구약성경에서나 신약성경에서나 일관되게 하나님의 뜻을 따라 제정된 대로 계승된 것이었음을 분명하게 알 수가 있습니다.

◆ 십계명의 네 번째 계명인 안식일의 계명은 구약과 신약에서 동일하게 계승되었습니까? 25)

◆ 안식일은 신약에서도 동일한 날—일곱 번째 날—입니까? [26]

◆ 44문답에서는 그러한 변동을 타당한 것으로 입증할 근거가 무엇이라고 답합니까? [27]

구약성경에서나 신약성경에서나 공히 율법을 통해 제정되는 안식일의 날과 그 규례들은 하나님에 의해 제정되는 것입니다. 물론 구약성경에서는 일곱 번째 날이 창세로부터 안식일로서 명료하게 제정된 것으로 기록되어 있는데 반해, 신약성경에서는 다소간 그 제정이 명확하지 않게 보이기도 하지만, 그럼에도 불구하고 하나님만이 그 모든 제정의 유일한 주체시라는 점에 있어서는 변함이 없습니다. 아울러 그처럼 안식일의 제정과 그 내용과 맥락에 있어 변함이 없다는 사실이 신 6:5절과 이를 인용하신 그리스도의 말씀인 마 22:37-40절, 그리고 호 6:6절에서 공히 그 의미의 계승을 깨닫도록 기록하고 있습니다. 즉 구약에서나 신약에서나 공히 율법과 그 가운데 있는 안식일의 계명에 담긴 의미는 이웃을 사랑하는 것으로 실천하도록 제시된 것입니다.

◆ 안식일Sabbath day은 성경(구약성경)에서 실제로 실행되었습니까? [28]

◆ 주님의 날Lords day은 성경(신약성경)에서 어떻게 표현되어 있습니까? 29)

구약성경에서는 '안식일'의 언급이 분명하게 기록되어 있으며, 실제로 그 실행에 관하여 여러 성경본문들 가운데서 확인할 수가 있습니다. 마찬가지로 신약성경에서 '주님의 날'도 몇몇 구절들 가운데서 구체적인 그 실행의 예를 찾아볼 수 있는데, 대표적으로 행 20:7절은 기록하기를 "그 주간의 첫날에 우리가 떡을 떼려 하여 모였다"고 했고, 또한 그 날에 밤중까지 바울이 강론하였다고 했습니다. 즉 여덟 번 째 날인 주님의 날에 한 곳[예배당]에 모여 성찬을 시행하며 말씀을 강론하는 예배가 시행된 것입니다. 뿐만 아니라 요 20:19절과 26절은, 예수께서 십자가에 달리신 후에 제자들이 "여드레"가 지난 날, 즉 "안식 후 첫날"에 모였다고 언급하고 있는 것을 볼 수 있습니다. 물론 행 13:14절에서와 같이 "안식일에 회당에 들어가 앉"아 회당예배를 드리는 경우도 있었습니다. 즉 주후 1세기에는 안식일과 주의 날이 혼재했었던 것입니다. 그러나 이미 예수께서 십자가에 달리신 후로 곧장 여드레가 되는 날, 곧 안식일 후 첫날에 회중으로 모여서 예배를 드렸음을 분명하게 확인할 수가 있습니다.

◆ 고전 16:2절에서 사도 바울은 언제 성도를 위한 연보[구제헌금]를 취합하도록 말합니까? 30)

◆ 고전 16:2절에서 성도를 위한 연보를 드리고 취합하는 날은 일시적으로 실행되었습니까, 아니면 반복적으로 시행되었습니까? [31)

고린도전서 16장의 초반 구절들을 보면, 바울 사도가 사역할 당시에 갈라디아 교회들—즉 노회—과 고린도 교회들 가운데 매주 첫날인 주님의 날에 정기적인 회집이 이뤄졌음을 볼 수 있습니다. 즉 주님의 날에 서로를 독려하고 헌신하는 예배와 안식의 의무수행이 이뤄졌던 것을 볼 수가 있는 것입니다. 이처럼 신약성경 안에 이미 안식일로서의 주님의 날이 매주 첫날, 곧 여드레 날로 정착하여 있었던 것을 알 수가 있습니다.

◆ 고전 8:6절에서 사도는 그리스도를 무엇이라고 호칭합니까? [32)

◆ 그러므로 계 1:10절에 기록한 "주의 날"은 누구의 날입니까? [33)

마 12:8절에서 예수 그리스도께서는 안식일에 제자들이 밀 이삭을 잘라 먹은 일에 관하여 바리새인들에게 변론하시던 말미에 "인자는 안식일의 주인이니라."고 말씀하셨습니다. 즉 안식일은 주님의 날로서의 의미를 담고 있었던 것입니다. 그리고 신약성경 전반에서 "주"Κύριος, 즉 Lord라는 단어는 예수 그리스도를 지칭하는 단어이니, 안식일로부터 그 날은 주님께서 주인이 되시는 날이라는 사실을 분명하게 깨달을 수 있게 교훈하고 있습니다. 이처럼 성경은 교훈과 실제 행실로서 주님의 날이 참된 안식일인 것을 나타내고 있습니다.

무엇보다 요 20:19절과 26절은 모두 "안식 후 첫날"에 "예수께서 오사"came Jesus라고 기록하여, 안식 후 첫날인 주님의 날에 예수께서 제자들이 모인 자리에 임하신 것을 보여주고 있습니다. 즉 회중으로 모인 자리 가운데 임하시어, 주일의 모임과 예배의 날에 관한 바탕을 볼 수가 있는 것이지요. 이처럼 신약성경 전반에 걸쳐서 안식일이 주님의 날로 대치된 것을 깨닫게 하고 있습니다.

질문45 : 우리 주님의 날에 관한 다른 근거는 무엇입니까?

대답45 : 그리스도 교회의 지속적인 관습입니다.

사도 시대로부터 오늘날에 이르기까지 교회는, 주의 날을 "주님의 날"이라는 이러한 명칭 아래, 거룩하게 기념해 왔다. 지금도 이 같은 교회의 지속적인 관습이 사라지지 않고 지켜져야 한다. 고전 11:16절의 "논쟁하려는 생각을 가진 자가 있을지라도 우리에게나 하나님의 모든 교회에는 이런 관례가 없느니라."는 이러한 사도적 표현은, 교회의 그러한 관례가 존중되어야 할 사항이었음을 나타낸다.

우리 주변에서 종종 유대교와 로마 가톨릭교회는 공통적으로 '전통' 곧 관습과 관례를 존중하는데 비해, 개신교라 불리는 우리들의 신앙에서는 관습이나 관례를 전적으로 부정한다고 오해하는 경우들을 볼 수 있습니다. 즉 '개혁교회는 항상 개혁해야만 한다.' Ecclesia semper reformanda는 종교개혁의 구호를 따라서, 모든 관습과 관례가 근본적으로 부정되는 것이 우리의 신앙[개혁 신앙]이라고 생각하는 경우가 상당히 있는 것입니다. 그러나 그러한 생각은 종교개혁의 구호도, 무엇보다 종교개혁의 맥락을 전혀 잘못 이해한 것입니다. 우리의 신앙은 과거[과거의 관습과 관례]로부터 단절하여 새롭게 형성되는 것이 아니라, 과거를 계승하기 위해 끊임없이 우리 안에 있는 부패하고 악한 습성을 깨치고 개혁해 나가는 것이어야 하기 때문입니다. 그런즉 '개혁교회는 항상 개혁해야만 한다.'는 말도, 사실은 끊임없이 뜯어 고치는 것을 의미하는 말이 아니라 우리 자신의 부패한 본성을 거스르고 개혁하는 일을 끊임없이 수행해야 한다는 의미인 것입니다. 바로 그 사실을 단적으로 생각하게 하는 것이 바로 '사도신경'Symbolum Apostolicum, 영:the Apostles' Creed입니다.

◆ 사도신경은 초기 기독교회들의 세례문답을 위한 기본골격을 이루는 것인데, 오늘날까지 대부분의 교회들이 이를 계승하여 사용하는 이유는 무엇이겠습니까? 34)

◆ 사도신경을 앞으로도 계승하여 사용할 수 있는 방법은 무엇이겠습니까? 35)

오늘날에도 사도신경은 기독교로 분류되는 거의 모든 교파들에서 사용하는 신앙전통입니다. 그러나 그 사용에 있어 각 교파별로 분명한 차이점들이 있는데, 일반적으로 로마 가톨릭교회에서는 사도신경을 전례에 포함시켜 각종 예식이나 미사 때마다 예전으로 사용하고 있고, 성공회에서는 그리스도인으로서의 세례 언약을 다짐할 때와 저녁기도를 할 때 사용합니다. 또한 루터파 교회에서도 로마가톨릭과 매우 유사하게 정해진 예식에 따라 매주 사도신경을 예전으로 사용합니다. 하지만 개혁교회들에서는 예배 초반에 신앙고백으로 사용하며, 다만 절대적인 것은 아니어서 웨스트민스터 예배모범에서는 이를 크게 강조하지는 않습니다. 즉 절대적으로 사용해야 할 예전이나 예식서로서 강조하는 것이 아니라, 신앙고백의 모범으로서 인정하여 사용하는 것입니다.

그러나 분명한 것은, 사도신경의 경우처럼 우리의 신앙에서도 정통적으로 계승되어 내려오는 신앙의 전통과 관습들을 전혀 배제하는 것이 아니라는 점입니다. 오히려 로마 가톨릭교회에서도 동일하게 계승하여 사용하고 있는 것이라 할지라도, 그것이 성경에 위배되거나 배치되는 것이 아닌 이상 동일하게 계승하고 있는 것이 바로 우리 신앙의 모습입니다. 바로 이러한 점을 간과하여 오늘날 우리 신앙에서 전통이나 관례를 지나치게 무시함으로 말미암은 폐단들에 직면하는 것입니다.

◆ 45문답에서는 우리의 신앙에서 주의 날이 참된 안식일임을 입증하는 또 다른 근거를 무엇이라고 했습니까? [36]

◆ 사도 시대로부터 오늘날에 이르기까지 정통적인 기독교회에서 안식일로서의 주의 날이 변경된 적이 있었습니까? [37]

◆ 그럼에도 불구하고 이를 변경한 교파[이단 교파]는 어떤 교파입니까? [38]

고전 11:2절에서 사도 바울은 고린도 교회들의 그리스도인들에게 "너희가 모든 일에 나를 기억하고 또 내가 너희에게 전하여 준 대로 그 전통παραδοσι을 너희가 지키므로 너희를 칭찬하노라."고 하여, 전통에 대해 긍정하며 그 계승을 높게 평가하는 것을 볼 수 있습니다. 또한 16절에서도 "논쟁하려는 생각을 가진 자가 있을지라도 우리에게나 하나님의 모든 교회에는 이런 관례συνηθεία가 없느니라."고 하여, 바울 자신이 전한 전통tradition을 따르는 것을 칭찬하며 자신이 전한 관례 custom 외에 다른 것이 없음을 분명하게 밝히고 있습니다.

그런데 바울 사도가 언급한 그러한 정통이나 관례들은 상당부분 성경에 구체적이고도 명시적으로 언급되어 있는 것이 아닙니다. 물론 고린도전서 11장에서 바울 사도는 "여자가 머리를 가리지 않고 하나님께 기도하는 것"(13절)이나, "남자에게 긴 머리가 있는 것"(14절) 등[46]

---

46) 이러한 예들은 그 자체로 명시적으로 계승해야 하는 관습이 아니기에, 다만 그 내 포된 원리인 "권세 아래에 있는 표"(10절)의 의미를 살려서 교회 안에서 남자와 여 자의 직분과 직무를 구별하는 것으로 계승했다. 그러나 현대 교회들에서는 이러한 의미의 구별조차도 폐기하고 남자와 여자의 구별 자체를 폐지하는 쪽으로 변질되 고 있다. 바로 그것이 기독교 '페미니즘 신학'(feminist theology)이 갖는 위험스 런 양상이다.

을 구체적으로 언급하지만, 그 외에는 더 이상 구체적인 관례들을 언급하지는 않습니다. 이후로 사도 시대 직후인 100-150년경에 기록된 것으로 보는 '디다케'Didache나 3세기 히폴리투스Hippolytus, d. 236의 '사도 전승'Traitio apostolica 등이 중요한 기독교의 관례에 대한 소개를 하고 있지만, 성경과 같은 권위를 갖는 것이 아닙니다. 물론 그렇다고 해도 사도시대 이후로 교회가 어떠한 전통들을 정통적으로 계승하여 온 것인지를 가늠하는 데에는 중요한 자료이지요. 그런데 이러한 전례 집들 가운데서 주님의 날 외에 다른 날을 안식일로 제정한 기록은 찾아볼 수 없습니다.

이처럼 기독교회의 전통적인 관례들 가운데서도 구약의 안식일인 일곱 번째 날이, 신약의 안식일인 안식 후 첫날 곧 주님의 날로 꾸준히 지켜져 온 것을 볼 수가 있습니다.

질문46 : 세 번째 근거는 무엇입니까?

대답46 : 만물들을 새롭게 하시는 그리스도의 부활입니다. (고후 5:17)

이것은 그 날을 기념하는 것을 위한 근거를 제공하므로, 그것 [즉, 안식일의 날]을 변경하는 이유를 보여준다. 그리스도의 부활은 죽음에 대해서와, 죄의 형벌에 대해, 그리고 죽음의 힘을 가지고 있는 자, 곧 마귀에 대해서도 그가 정복하신 것에 대한 증거를 제시했다. 진정 그것은 하나님의 공의에 대한 완전한 만족과 하나님의 진노에 대한 분명한 화해의 증거를 주는 것이다. 이 점에서 롬 4:25절은 그리스도께서 "우리를 의롭다 하시기 위하여 살아나셨느니라."고 말했다. 하나님의 공의가 만족되고, 노하심이 누그러졌으며, 사망과 마귀를 극복하였다면, 무엇이 우리의 구속과 칭의를 가로막을 수 있겠는가.

그러므로 이러한 일은 창조를 훨씬 넘어서는 일이며, 마땅히 매주 마다 기념할 만한 가치가 있는 일이다. 그렇다. 성전이 성막을 포함했던 것처럼(왕상 8:4), 이 큰 일이 전자를 삼켜버렸으며, 그리스도께서 부활하신 뒤에 살아가는 우리는 이전에 살았던 그들이 마지막 날[일곱째 날]에 매여 있었 듯이, 주중 첫날을 기념하는 일에 긴밀히 매여 있다.

창 2:3절 말씀은 안식일인 일곱째 날에 관하여 언급하기를 "하나님이 그 일곱째 날을 복되게 하사 거룩하게 하셨으니 이는 하나님이 그 창조하시며 만드시던 모든 일을 마치시고 그날에 안식하셨음이니라." 고 했습니다. 즉 첫 창조 이후로 안식일은 하나님의 완전한 창조사역을 통해 나타난 복과 거룩함을 나타내는 날이었던 것입니다. 그러므로 그 때에 땅에는 부족함 없는 하나님의 복과 더불어, 부끄러울 것이 없는 거룩함이 가득했었습니다.

하지만 첫 사람 아담의 범죄와 타락 이후로 하나님의 창조사역을 통해 나타난 복과 거룩함은 모두 깨어지게 되었습니다. 그러므로 사람은 더 이상 부끄러울 것이 없는 거룩함을 잃어버리고 "자기들이 벗은 줄을 알게"(창 3:7) 되었고, "평생에 수고하여야 그 소산을 먹을"(17절) 수가 있는 땅으로 변모해버리고 말았습니다. 심지어 안식일조차도 사람의 타락 이후로는 수고하여야 그 소산을 먹을 수 있는 여느 날과 다르지 않게 여겨졌으니, "일곱째 날에 백성 중 어떤 사람들이 [만나를] 거두러 나갔다가 얻지 못한"(출 16:27) 일이 바로 그러한 사실을 보여주고 있습니다. 따라서 세상 모든 만물들과 더불어, 안식일인 일곱째 날 또한 화해와 회복의 때를 고대할 수밖에 없게 된 것입니다.

◆ 창세기 3장에서 사람의 범죄[하나님의 금지를 거스르는 것]는 무엇의 간계로 말미암았습니까? [39)]

◆ 창 3:15절에서 "여자의 후손"이 하게 될 일은 무엇입니까? [40)]

창 3:1절에 등장하는 "뱀"은 '마술을 쓰다', 혹은 '점을 치다'라는 뜻의 히브리어 '나하쉬' נָחָשׁ에서 유래한 단어입니다. 그러므로 창 3:1절에서도 뱀에 관하여 "여호와 하나님이 지으신 들짐승 중에 가장 간교하니라"고 하여, 마술[사술]을 행하거나 점치는 자의 요사스러운 지혜를 떠올리도록 했습니다.

그러나 창 3:15절에서 여호와 하나님께서는 그 간교한 뱀에게 이르시기를 "여자의 후손은 네 머리를 상하게 할 것"이라고 말씀하셨는데, 사실 "여자의 후손"이라는 표현은 히브리어로는 그저 "그" 혹은 "그 남자"에 해당하는 단어 hûw로 표기했습니다. 그러므로 "여자의 후손"이라는 표현은 15절에서 말하는 "그"가 여자의 후손 가운데 나실 이, 곧 '메시아'이신 '예수'를 의미하는 것을 알 수 있도록 한 일종의 의역이라 하겠습니다. 따라서 창 3:15절에서 "여자의 후손은 네 머리를 상하게 할 것"이라는 말은, 예수 그리스도께서 간교한 뱀[사탄, 마귀]에 대하여 승리하게 되실 것을 나타내신 말씀인 것입니다. 즉 사람의 타락과 땅[피조세계]의 부패하게 됨에 이어서 곧장 예수 그리스도의 하실 일을 말씀하신 것입니다.

◆ 고후 5:17절에서는 새로운 피조물로 되는 것을 어디에 근거하여 되는 것으로 언급합니까? [41]

◆ 고후 5:19절 말씀은 "하나님께서 그리스도 안에 계시사" 하실 일들에 관해 뭐라 기록했습니까? [42]

고후 5:17절에 기록된 "누구든지"라는 말은 헬라어로는 "무엇이든지"라는 의미이기도 합니다. 그러므로 요 14:14절의 "무엇이든지"라는 말은 고후 5:17절의 "누구든지"와 같은 단어인 것입니다. 다만 문맥적으로 그 용법을 달리 했을 뿐이지요. 따라서 고후 5:17절 말씀은 사람에게만이 아니라 모든 피조물들에 있어서, 그리스도 안에서 새롭게 됨을 말한 것입니다.

◆ 창 2:17절은 하나님의 금지하신 말씀을 거스르는 죄의 결과가 무엇이라고 했습니까? [43]

◆ 롬 6:23절에서는 "죄의 삯"인 사람과 대비되는 것을 무엇이라고 언급했습니까? 44)

◆ 롬 6:9절 말씀에 따르면 그리스도께서 다시 죽지 아니하시고 사망이 다시 그를 주장하지 못할 줄을 아는 것은, 그리스도의 어떠한 것으로 말미암아서입니까? 45)

◆ 요 20:1절은 예수 그리스도께서 다시 살아나신 때가 언제임을 나타내어 기록하고 있습니까? 46)

고후 5:17절 말씀은 후반부에서 "이전 것은 지나갔으니 보라 새것이 되었도다."라고 기록했습니다. 그런즉 죄와 그로 말미암는 사망의 옛 권세이자 마귀의 권세는 지나가고, 그리스도의 죽으심으로 말미암아 신자들에게 전가되는 의와 그리스도의 부활로 말미암아 증명된 거룩함을 우리들은 얼마든지 바라보게 된 것입니다. 그러므로 롬 4:25절에서 바울 사도는 이르기를 "예수는 우리가 범죄한 것 때문에 내줌이 되고 또한 우리를 의롭다 하시기 위하여 살아나셨느니라."고 한 것이지요.

이에 따라 46문답에서는 설명하기를 "이러한 일은 창조를 훨씬 넘어서는 일이며, 마땅히 매주 마다 기념할 만한 가치가 있는 일"이라고 했습니다. 바로 그러한 맥락에서 구약시대의 '안식일' The Sabbaths Day이 그리스도의 부활 이후부터는 '주님의 날' The Lords Day로 함께 지켜지다가, 유대교와 구별되는 기독교의 관습으로서 주님의 날만이 최종적인 안식일로 남게 된 것입니다.

◆ 왕상 8:4절에서 솔로몬 성전으로 메어 올린 것들에는 무엇이 있습니까? [47)]

◆ 46문답에서는 왕상 8:4절의 기록이 무엇을 예표하는 것으로 설명합니까? [48)]

◆ 46문답의 "이전에 살았던 그들이 마지막 날[일곱째 날]에 매여 있었듯이, 주중 첫날을 기념하는 일에 긴밀히 매여 있다."는 설명은 무엇을 의미하는 것입니까? [49)]

이처럼 성경의 전반적인 문맥 가운데서 우리들은 구약시대의 안식일이, 그리스도의 부활 이후인 신약시대의 주님의 날로 대치되었음을 알 수 있었습니다. 그리고 그것은 단순히 유대교의 안식일과 구별되기 위한 편의를 따른 것이 아니라, 그 이전에 이미 구약에서부터 예표되고 바라본바 되었던 예수 그리스도의 구속과 부활로 말미암아 마땅히 대치되어 기념하게 된 것임을 알 수가 있습니다. 그러므로 안식일과 마찬가지 맥락이되, 주 예수 그리스도께서 마 11:30절에서 언급하신 바 "내 멍에는 쉽고 내 짐은 가벼움이라."는 말씀과 같이, 그 멍에와 짐은 쉽고 가벼운 것입니다. 막 2:27절에 있는 "안식일이 사람을 위하여 있는 것이요 사람이 안식일을 위하여 있는 것이 아니니"라는 예수 그리스도의 말씀과 같이 말입니다.

질문47 : 네 번째 근거는 무엇입니까?

대답47 : 일곱째 날을 필요로 하는 율법의 본질입니다.

> 율법의 말씀은 이와 같으니, "제 칠일은 주님의 안식일이
> 다." 율법이 처음 일곱째 날과 특별하게 연관되어 있음을 부
> 정하지는 않으니, 그것은 창조의 위대한 일들을 기념하는
> 것과 연관된다. 그것이 더 위대한 일에 포함되었을 때, 그
> 위대한 일을 일곱째 날에 기념하는 것으로서 율법의 본질
> [실체]이 지켜지게 됐다.

> 그리고 우리가 기념하는 일곱째 날은, 그러한 변화 가운데
> 서일지라도 한 주 안에 두 안식일이 있을 수는 없을 뿐 아니
> 라, 어떤 주간이라도 안식일이 없는 주는 없다는 데 근거하
> 여 정해졌음을 볼 수 있다. 그들의 안식일은 그들의 지난 주
> 간을 끝내는 날이나, 우리의 안식일은 우리의 한 주를 시작
> 하는 날이다. 그러한 변동은 다른 어떤 날에는 적합하지 않
> 았을 것이다.

이제 일곱째 날이었던 안식일이 여덟째 날인 주님의 날로 바뀌게
되는 것이 정당함에 대한 네 번째 근거를 살펴보게 되는데, 이는 또한
첫 번째 근거인 "신적 권위"Divine authority와도 연계되는 것이라 할 수

있습니다. 즉 하나님의 권위에 의해 세워진 '율법'의 맥락을 그대로 따르는 것을 바탕으로 그러한 변동이 있는 것이기 때문입니다.

◆ 출 20:10절의 십계명은 몇 번째 날을 안식일이라고 명시하고 있습니까? 50)

◆ 47문답에 따르면, 일곱째 날에 관한 율법의 관계는 무엇과 연관된다고 했습니까? 51)

창 2:3절에 기록된 바 "하나님이 일곱째 날을 복되게 하사 거룩하게 하셨으니 이는 하나님이 그 창조하시며 만드시던 모든 일을 마치시고 그날에 안식하셨음이니라."는 말씀에서 알 수 있듯이, 출 20:10절에서 언급하는 안식일의 율법은 "창조의 위대한 일들을 기념하는 것"과 연관되어 있습니다.

하지만 왕상 8:4절에서 솔로몬의 성전에 "여호와의 궤와 회막과 성막 안의 모든 거룩한 기구들을 메고 올라" 갔다고 기록한 것에 예표되어 있듯이, 일곱째 날인 안식일이 여덟째 날인 주님의 날로 대치된 데에는 그러한 안식일의 의미를 포괄하는 더욱 위대하고 큰일의 의미가 내포되어 있는 것입니다. 그러므로 일곱째 날이 아니라 여덟째 날인,

안식 후 첫날이 주님의 날로서 제정된 데에는 일곱째 날을 지키는 것으로 지켜지던 율법의 본질이 내포되어 있는 것입니다. 한마디로 옛 율법의 계명인 안식일의 계명에 담겨 있는 본질적인 의미가, 새로운 주님의 날에 담겨 있는 것입니다.

◆ 마 22:37절에서 주님은 무엇이 율법의 "크고 첫째 되는 계명"이라고 말합니까? 52)

◆ 이어지는 39절에서는 무엇이 율법의 "둘째" 되는 계명이라고 말합니까? 53)

◆ 요 13:34절의 새 계명은 무엇입니까? 54)

'율법'은 기본적으로 하나님께서 명하신 것을 말합니다. 그러므로 태초에 첫 사람에게 명하신바 "선악을 알게 하는 나무의 열매는 먹지 말라"(창 2:17)는 말씀이 바로 모든 하나님의 명령으로서의 율법의 초석인 것입니다. 특히 신약성경에서 '계명'이란 '명령'을 말하는데, 요 13:34절에 있는 "계명"이 바로 새로운 주님의 명령으로서의 말씀입니다.

그런데 주님께서는 나의 계명이라고 하신 것이 아니라 "새 계명"이라고 말씀하셨습니다. 그리고 새로이 명하시는 주님의 계명은 바로 "서로 사랑하라"는 것입니다. 하지만 요일 2:7절에서 "내가 새 계명을 너희에게 쓰는 것이 아니라 너희가 처음부터 가진 옛 계명이니"라고 한 것에서 알 수 있듯이, 새 계명은 옛 계명과 전혀 다른 것이 아니라 "처음부터 가진 옛 계명"을 포함하는 것입니다. 그런즉 율법의 본질은 옛 계명에 있어서나 새 계명에 있어서나 공히 '사랑함'인 것이지요. 실제로 이미 구약성경 신명기 6장은 "이는 곧 너희의 하나님 여호와께서 너희에게 가르치라고 명하신 명령과 규례와 법도라"(1절)고 하면서 5절에서 이르기를 "너는 마음을 다하고 뜻을 다하고 힘을 다하여 네 하나님 여호와를 사랑하라."고 했으며, 또한 레 19:18절에서는 "네 이웃 사랑하기를 네 자신과 같이 사랑하라."고 했습니다. 바로 그처럼 이미 주어진 명령들을 통하여, 주님께서는 "네 마음을 다하고 목숨을 다하고 뜻을 다하여 주 너의 하나님을 사랑하라 하셨으니, 이것이 크고 첫째 되는 계명이요, 둘째도 그와 같으니 네 이웃을 네 자신같이 사랑하라 하셨으니, 이 두 계명이 온 율법과 선지자의 강령이니라."(마 22:37-40)고 말씀하신 것입니다. 마찬가지로 안식일에 관하여 기록한 네 번째 계명 또한 하나님께 대한 사랑으로서의 경건의 의무들과, 아울러 이웃에 대한 사랑으로서의 봉사의 의무를 행함으로써 준행하도록 제시된 것입니다. 그러므로 안식일에 행하는 제사와 관련하여 호 6:6절 말씀은 "나는 인애를 원하고 제사를 원하지 아니하며 번제보다 하나님을 아는 것을 원하노라."고 기록하고 있습니다.

◆ 47문답에서는 옛 사람들이 기념하던 일곱째 날의 안식일을 가리켜서 어떤 날이라고 설명합니까? [55)]

◆ 47문답에서는 우리들이 기념하는 여덟째 날의 안식일을 가리켜서 어떤 날이라 설명합니까? [56)]

고후 5:17절 말씀에 기록된바 "이전 것은 지나갔으니 보라 새것이 되었도다."라는 말씀처럼, 구약시대 백성들의 안식일이 "지난 주간을 끝내는 날"이었던 것과 달리 지금 우리들의 안식일은 "한 주를 시작하는 날"입니다. 또한 마 5:17절에서 주님이 이르신바 "내가 율법이나 선지자를 폐하러 온 줄로 생각하지 말라 폐하러 온 것이 아니요 완전하게 하려 함이라."는 말씀과 같이, 구약의 안식일 계명이 신약시대 이후의 주님의 날로 대치됨으로써 안식일의 의미는 폐하여진 것이 아니라 완전하여진 것입니다. 즉 안식일의 주인(막 2:28)이신 주님의 날로서 더욱 완전하여 졌으니, 주님의 모든 사역을 완전하게 이루신[성취하신] 부활의 날인 '주님의 날' the Lords Day이야말로, 참된 안식일로 마땅한 것입니다.

PART Ⅲ:

안식일을 거룩히 지키는 방법

(Direction for Sanctifying It.
Question 5-42)

Point:

이제 본격적으로 안식일로서의 주일을 우리들은 어떻게 지켜야 하는지[혹은 보내야 하는지]에 대해 살펴보고자 합니다.

그런데 이 때에 우리들이 전제해야만 하는 것이 있는데, 그것은 바로 안식일이 주로 행하지 말아야 할 것들에 대해 규정하고 있는 것으로 보이는 반면에, 구지가 설명하는 안식일로서의 주일은 주로 행할 것들[혹은 의무들]을 설명하고 있다는 점입니다. 물론 그것은 안식일로서의 주일에 일상적인 일들은 행하지 않고, 마땅히 행할 것들을 행하도록 하는 맥락입니다. 그러므로 안식일에 제사와 규례들을 지키는 것에서 볼 수 있듯이, 구약시대에 안식일에는 아무 일들이나 금하기만 했었던 것은 전혀 아닙니다. 오히려 주일에 못지않게 행해야만 하는 일들 또한 구약으로부터도 명백한 것입니다.

사실 제사와 관련해서 예표되는 것들은 모두 예수 그리스도 안에서 성취된 일입니다. 그러므로 예수 그리스도께서 이 땅에서의 모든 사역을 완성하시고 성취하신 이후를 살아가는 우리들은, 구약의 제사법과 같은 '의식법' 혹은 '시민법'에 해당하는 것들이 아니라 '도덕법'에 속하는 항구적인 율법의 원리와 맥락을 따라 안식일로서의 주일을 지키는 것입니다. 바로 그러한 원리를 배제하고서, 그저 율법의 조문에 매이거나 율법의 근본이자 본질인 '사랑'[하나님께 대한 사랑과 이웃들에 대한 사랑]을 결여하고서 율법을 따르는 것이 바로 율법주의이자 외식인 것입니다. 안식일로서의 주일을 바르게 성수하는 것 또한 기본적으로 그러한 율법의 원리와 본질을 그대로 따르는 것입니다.

질문5 : 어떻게 그 모든 시간을 거룩히 지킬 수 있습니까?

대답5 : 첫째, 명해진 것들을 준행함으로, (렘 17:22)

둘째, 허락된 것들을 준행함으로써 입니다. (출 12:16)

명령된 것들은, 하나님의 절대적 주권에 의한 것이기에 반드시 준행되어야만 합니다. 그러한 의무들은 이를 수행함으로써 안식일을 거룩히 지키는데 있어 아주 적절한 것들입니다.

허락된 것들은, 하나님의 부드럽고 자비로우심으로 말미암은 것으로서 우리의 연약함과 부족함을 고려하여 행할 수 있도록 하신 것들입니다. 비록 안식일이 그로 말미암아 전적으로 거룩하게 되는 것은 아니지만, 그럼에도 그것들 가운데서 조금이라도 더 거룩하게 됩니다.

십계명의 의무들을 준행하는데 있어서, 신자들은[47] 기본적으로 그

---

47) 이미 언급한 것처럼 본질적으로 십계명은 신자들만이 아니라 창조된 모든 이들에게 적용되는 마땅한 의무이지만, 기본적으로는 신자들에게 요구되며 적용된다 하겠다.

것을 "명령"command으로서 받아들여 준행해야 합니다. 오늘날에는 명령이나 의무와 같은 말을 신앙에 적용하는 것이 기본적으로 부정적으로 인식되지만, 하나님의 창조하심과 그 목적 가운데서 우리의 존재를 생각해 보면 명령이나 의무의 적용은 원래 당연하고도 필연적이라 할 수가 있는 것입니다.

◆ 렘 17:22절에서 "안식일을 거룩히" 하는(지키는) 것은 조상들에게 무엇으로 주어졌다고 했습니까? 57)

◆ 렘 17:22절에서 "안식일을 거룩히" 하도록 주어진 명령은 무엇을 행하라는 것입니까, 아니면 금하는 것입니까? 58)

십계명의 각 항목들은 행하라48)는 명령과 행하지 말라는 명령으로 각각 분류해 볼 수가 있는데, 네 번째 계명인 안식일 계명은 독특하게도 행하라는 명령이면서도 좀 더 자세히 살펴보면 "행하지 말라"는 금지 명령들인 것을 알 수가 있습니다. 즉 안식일을 거룩하게 잘 지켜 준행한다는 것은 기본적으로 하나님께서 창조의 사역을 멈추고 쉬셨던 것과 같이, 다른 일들을 행하지 말고 쉬도록 명령된 점에서 독특하다

---

48) "안식일을 기억하여 거룩하게 지키라" 출 20:8절.

하겠습니다. 그러므로 안식일을 거룩하게 하는 일과 관련해서는 기본적으로 일상적으로 늘 해오던 일들을 멈추라는 명령에 따르는 것으로부터 시작되는 것입니다.

◆ 출 23:12절의 "네 소와 나귀가 쉴 것이며 네 여종의 자식과 나그네가 숨을 돌리리라"는 말씀은, 안식일의 명령이 누구를 향하여 있는 것임을 알게 합니까? [59]

◆ 출 23:12절 하반부의 말씀은 막 2:27절 말씀에 대해 어떤 교훈으로 연결될까요? [60]

◆ 출 12:16절의 안식일에 관한 규례는 일체의 모든 일들을 금하고 있습니까? [61]

안식일에 관계된 명령은 기본적으로 행할 것을 명하는 것이면서 동시에 그것이 강압적으로 주어지는 것이 아니라 쉼이 되도록 주어진 것이라는 점에서 아주 독특한데, 이미 출애굽기에서부터 그것이 주어질 때에 하나님의 백성들에게 크게 유익을 주는 명령이었던 것을 볼 수 있습니다. 그러므로 안식일 계명은 "명해진 것들을 준행함" 뿐 아니라 "

허락된 것들을 준행함"으로서도 거룩하게 지킬 수 있는 것임을 알 수가 있습니다. 막 2:24절에 나오는 바리새인들은 그러한 안식일의 계명이 마치 사람을 강압하는 금지명령으로만 되어 있는 것처럼 생각하지만, 27절에서 주님께서는 안식일 계명에는 금하도록 명해진 것들만이 아니라 허락된 것들도 있어서, 안식일 계명이 오히려 사람을 위하도록 명령된 것이라는 본래의 의미를 설명해 주십니다. 문답에서 부연하여 설명하고 있는 "하나님의 부드럽고 자비로우심으로 말미암은 것으로, 우리의 연약함과 부족함을 고려하여 행할 수 있도록 하신 것들"이라는 문구에서 알 수 있듯이, 우리의 연약함과 부족함을 고려하여 하나님의 자비로우심으로 허락된 것들을 준수함으로서도 안식일은 거룩하게 지켜질 수가 있는 것입니다.

질문6 : 명해진 의무들의 요점들은 무엇입니까?

대답6 : 첫째, 경건의 의무. (눅 4:16)

둘째, 자비의 의무. (막 3:4)

경건의 의무란 하나님의 영예에 직접적으로 연관된 것들로서, 그 안에서 그리고 그것에 의해 그는 예배를 받으시며: 그리고 그 의무들은 우리의 영적 성장에 직접적인 도움이 됩니다. 그런 이유로 지혜로우신 주님께서는 현세적이고 속된 일들을 위하여 우리에게 육일을 주시고, 신적이며 영적인 사안들을 위해 매 칠일을 구분하여 모이도록 하셨습니다.

그리고 우리의 부름 받은 일들은(이에 우리는 육일 동안에 최선을 다해 일한다) 특히 우리의 유익을 위하는 것이기 때문에, 하나님께서는 그의 날에 우리의 도움을 필요로 하는 중에 있는 이들에게 자비를 나타내 보이기를 원하십니다. 안식일들 가운데서 그리스도께서는 많은 자비의 일들을 행하셨으니, 이는 막 1:21, 25, 29, 34절. 그리고 눅 13:10, 11절. 그리고 14:1절과, 요 5:9절. 그리고 7:23절. 그리고 9:14절에 나타나 있습니다.

안식일의 계명은 언뜻 우리에게 무언가를 명령하시기 이전에, 일상적으로 우리에게 매여 있었던 일들을 쉬도록 하는 유익으로 주어진 것입니다. 그러나 동시에 안식일의 계명에는 쉬도록 명하신 일 이외에 반드시 행하도록 하신 의무의 내용들을 포함하고 있는데, 일차적으로 그것은 "경건의 의무"라 불리는 것들입니다. 그러한 경건의 의무는 " 하나님의 영예"와 직접적으로 연관되어 있기 때문에, 바로 그 의무를 준행하는 것에 의해 하나님께 예배를 드릴 수가 있는 것입니다.

◆ 눅 4:16절에서 주님이 안식일에 회당에 들어가 하신 일은 무엇이었습니까? [62]

◆ 눅 4:16절에서 주님이 하신 그 일은 특별하고도 예외적으로 행한 것이었습니까? [63]

안식일에 마땅히 행하도록 명해진 의무들에는, 일상적인 일들을 쉬는 것 뿐 아니라 하나님의 영예와 관계되는 마땅히 행해야만 하는 경건의 의무들도 포함되어 있습니다. 그런데 안식일에 마땅히 행하도록 명해진 경건의 의무는, 하나님의 영예와 관계될 뿐 아니라 우리의 영적인 성장에도 직접적인 도움이 되는 것입니다. 그러므로 안식일의 일차적 행함이 일상적인 일들을 쉬도록 하는 안식의 유익을 제공하는 것처럼, 하나님의 영예와 관련된 경건의 의무도 영적인 성장이라는 유익을 제공하는 것이라는 점에서 독특하게 이중적인 의미와 유익을 담고 있는 것입니다.

◆ 눅 4:22절에서 주님이 안식일에 회당에 들어가사 하신 일로 말미암아 어떤 일이 벌어졌습니까? [64]

◆ 눅 4:20절 말씀으로 보건데, 예수님께서 이 땅에 계실 당시에 회당에 모인 자들은 안식일에 주로 한 일이 무엇이었음을 알 수가 있습니까? [65]

이처럼 예수님께서 이 땅에 계실 당시에도 안식일에는 주로 회당에 모여 성경을 읽으며 해설하는 것을 들음으로 경건의 의무를 수행했었던 것을 볼 수 있는데, 결국 하나님께서는 육일의 일들이 우리의 현세적 삶을 위해 사용되도록 주셨을 뿐 아니라 일곱 번째 날인 안식일도 실은 우리에게 이중의 유익(육신적인 쉼과 영적인 성장)이 되도록 하신 것을 알 수가 있습니다.

그러나 안식일과 관련하여 명령되어진 의무에 의해 누리게 되는 유익에는 그처럼 "경건의 의무"에 속하는 것을 통해 신자들이 영적으로 누리게 되는 유익만이 있는 것이 아닙니다.

◆ 막 1:25절은 예수께서 안식일에 회당에서 어떤 일을 행한 것으로 기록하고 있습니까? [66)]

◆ 요 7:23절에서 말한 안식일에 시행할 수 있도록 허용된 행위는 무엇입니까? [67)]

◆ 막 3:1-6절에서 주님께서 친히 보여주신 안식일의 의무는 무엇입니까? [68)]

이처럼 안식일의 의무에는 마땅히 행할 "자비의 의무"가 포함되어 있습니다. 흔히 오해하는 것처럼 안식일의 규례는 일상적인 모든 일들을 하지 않도록 규정하고 있는 것이 아니라, 오히려 경건의 일들과 함께 자비의 일들을 행하도록 규정하고 있는 것입니다. 그런데 그처럼 안식일에 마땅히 행할 의무에 속하는 것들은 모두 우리에게 유익이 되는 일들입니다. 경건의 의무를 수행함으로 우리에게 영적인 유익이 됨과 동시에, 자비의 의무를 수행함으로 우리의 연약함과 부족함을 충족시키는 유익이 되는 것이 안식일의 규례인 것입니다.

특별히 안식일에 행할 자비의 의무들은 우리가 육일 동안에 우리 자신의 필요와 유익을 위하는 일들에 사용함에 더하여, 우리의 도움이 필요한 다른 사람들에게 자비와 긍휼을 위하는 일들에 사용토록 하셨다는 점에서 더욱 사람에게 유익과 경건을 제공하는 것입니다. 그러므로 막 2:27절에서 주님께서는 "안식일이 사람을 위하여 있는 것이요 사람이 안식일을 위하여 있는 것이 아니니"라고 하셨던 것입니다. 바로 그러한 모범을 주님께서 친히 보여 행하셨으니, 우리도 마땅히 주님의 모범을 따라 안식일에 합당한 경건과 자비의 의무들을 행함이 마땅한 것입니다.

질문7 : 경건의 일에는 어떤 종류들이 있습니까?

대답7 : 첫째, 공적인 것. (행 15:21)

둘째, 사적인 것. (행 16:13)

셋째, 은밀한 것. (막 1:35)

앞선 (경건의 일)에 포함되는 (경건의) 몇 가지 의무들은 각
각의 의무수행에 매우 도움이 되며, 어떠한 지루함, 혹은 피
곤함이 없이, 안식일을 더욱 평안하게 보낼 수 있도록 합니다.

윌리엄 구지는 안식일로서의 주일에 행하는 경건의 일을 공적인
것, 사적인 것, 그리고 은밀한 것으로 분류하고 있는데, 이는 각각 교
회당에서의 일, 가정에서의 일, 그리고 개인적으로 은밀히 행하는 경
건의 일을 말하는 것입니다.

◆ 행 15:21절 말씀은 예로부터 안식일마다 어떤 경건의 일이 수행
   되었음을 언급합니까? [69]

◆ 행 16:13절에서 말하는 "기도할 곳"이란 회당과 같이 공적인 경
   건의 일을 수행하던 곳입니까? [70]

◆ 막 1:35절에서 예수께서는 "새벽 아직도 밝기 전에" 어떤 경건의 일을 하셨습니까? [71]

　구지가 각각 분류하여 언급한 경건의 일들(공적인 것, 사적인 것, 은밀한 것)은 막 1:21-39절에서 모두 언급되고 있는데, 먼저 21-22절에서는 안식일에 회당에 들어가서 회중들 가운데 행하신 공적인 경건의 일들을 기록하고 있습니다. 또한 29-34절에서는 시몬과 안드레의 집에서 행한 사적인 경건의 일과 함께 자비의 의무를 행하신 일들이 기록되어 있으며, 35절에는 그런 가운데서도 은밀히 기도함으로서 행하신 은밀한 경건의 일들이 기록되어 있습니다.

　그런데 막 1:21-39절에 기록된 예수님의 행적들은, 안식일에 회당에 모이던 시간에서부터 저물어 해 질 때의 일, 그리고 새벽 아직도 밝기 전까지 지속적으로 행하신 경건의 일들을 기록하고 있으니, 그처럼 공적으로, 그리고 사적으로와 홀로 은밀하게 행하는 경건의 일들이 그야말로 "각각의 의무수행에 매우 도움이 되며, 어떠한 지루함, 혹은 피곤함이 없이, 안식일을 더욱 평안하게 보낼 수 있도록" 한 것을 볼 수 있습니다. 한마디로 공적인 경건의 일들과 사적인 경건의 일, 그리고 개인적으로 은밀히 행하는 경건의 일들이 각각 유용하게 연관되어, 안식일을 평안하고 거룩히 보내도록 하고 있는 것입니다.

◆ 막 1:21-39절의 내용들은 주일성수와 관련하여 우리에게 어떤 것을 깨닫도록 합니까? 72)

chapter 1: 공적인 경건의 의무들

질문8 : 공적인 경건의 의무들publick duties of Pirty은 어디에서 행합니까?

대답8 : 교회당에서 입니다. (고전 4:17, 11:20, 22, 14:19, 28. 히 2:12)

교회당은 공적인 장소로서, 많은 개별적인 가정들이 함께 만나는 곳입니다. 그곳은 하나님을 예배하기 위한 모임을 위해 가장 빈번히 사용됩니다. 교회의 문들은 들어오려는 자들을 위하여 항상 열려있습니다. 그곳에서 신성한 경건의 의무들을 수행합니다.

질문9 : 누구에 의해 그 의무들이 행해집니까?

대답9 : 첫째, 목회자에 의해. (행 13:16)

둘째, 회중들에 의해. (행 20:7)

셋째, 모두에 의해. (고전 14:24, 25)

한편으로는 목회자가, 다른 한편으로는 회중이, 참된 교회를 이룹니다. 목사는 그가 선 곳(예배당)에서 회중들을 향한 하

나님의 입이며: 그러한 이유로 인하여 그는 하나님께서 그의 회중들에게 하시고자 하는 바, 하나님의 말씀을 선포하는 것입니다.

목사는 하나님을 향한 회중들의 입으로서: 하나님을 향한 그들의 마음을 보여드림으로서: 질서를 이루도록 하려는 것입니다. 만일에 모든 회중들이 각각 그들의 마음을 가지고 함께 기도한다면, 그들 각각의 소리들로 인해 얼마나 혼란스럽겠습니까?

이미 이러한 의무들은 회중들에 의해 자발적으로 즐거이 행해지고 있지만, 그러나 목사들에 의해 더욱 구별되이 행해지는데: 그렇지 않으면 목사의 일이 헛되게 될 것입니다.

참으로 목사가 회중과 함께 즐거이 행할 의무들이 있고, 회중이 목사와 함께 행할 것이 있는데, 그 의무를 수행함에 있어서는 같은 방식으로 행해지니: 이어지는 세부 사항들(목사와 회중의 의무들)이 이를 보여줍니다.

이제 경건의 일에 있어서 공적인 의무들에 대해 먼저 살펴보도록 하겠습니다. 여기서 말하는 "공적"publick이라는 말은 기본적으로 여러 가족들이 함께 만나는 장소인 "교회"에서의 일을 말하는 것입니다.

◆ 고전 14:19, 28절에서 언급하는 "교회"Ecclesia란 장소적인 의미로서 사용된 단어입니까? 73)

◆ 고전 4:17절 말씀은 기본적으로 교회라는 장소가 어떤 용도로 사용되었음을 나타냅니까? 74)

◆ 고전 11:20절 말씀은 교회라는 장소가 또한 어떤 용도로 사용되었음을 나타냅니까? 75)

이처럼 성경의 여러 본문들은 "교회"가 하나님의 말씀을 가르치는 일과 주님께서 제정하신 성례(주의 만찬)를 함께 모여 시행하는 장소였음을 언급하고 있습니다. 개별적인 가정들이 함께 모이는 공적인 장소인 교회는, 하나님을 예배하기 위한 일에 가장 빈번하게 사용되는 장소적인 개념을 지니고 있는 것입니다. 그러나 경건의 공적인 의무들을 수행하는 곳인 교회는 그처럼 장소적인 개념으로만 언급되는 것이 아닙니다.

◆ 고전 11:18절 말씀은 기본적으로 교회를 어떤 장소로 언급하고 있습니까? 76)

◆ 히 2:12절의 "교회"를, 시 22:22절에서는 무엇이라 했습니까? [77]

　구약성경에서나 신약성경에서나 교회를 말할 때에 기본적으로 이해되고 있는 것은, 회중들이 함께 모이는 곳으로서의 장소에 대한 이해입니다. 특히 구약성경에서는 "성막"Tabernacle이나 "성전"a sacred shrine의 경우처럼 장소적인 개념이 강하게 언급되기도 하지만, 실제적으로는 "이스라엘 자손"(출 1:9)혹은 "회중"(시 22:22)과 같이 모임(회중)으로서의 의미가 더욱 큰 것을 알 수 있습니다. 그러므로 교회라는 말에서 장소적인 개념은 회중이 공적으로 모이는 곳이라는 점에서 의미가 있는 것이고, 더욱 중요한 교회의 공적인 의미는 모임(회중)에 있는 것입니다. 따라서 경건의 공적인 의무들이 행해지는 곳으로서의 교회를 생각할 때에도, 장소적인 곳으로서만이 아니라 함께 공적으로 모이는 회중으로서의 의미가 더욱 중요한 것입니다. 그러므로 경건의 공적인 의무가 어디에서 행해지는가에 대한 질문에는 곧장, 경건의 공적인 의무들이 누구에 의해 행해지는가에 대한 질문이 추가되는 것입니다.

◆ 행 13:16절에서 바울 사도는 어떠한 자로서 경건의 공적인 의무를 수행한 것입니까? [78]

◆ 행 13:42절 말씀으로 보건데, 바울 사도가 행한 경건의 공적인 의무는 어떤 일이었습니까? [79)]

사도행전 13장에서 사도 바울은 안식일에 안디옥에 있는 회당에서 말씀(모세오경과 선지서)을 강론하였는데, 이는 사도 베드로의 경우에도 마찬가지로서 사도행전 2장에서 예루살렘에 사는 유대인들에게 오순절 날에 그가 행한 것 또한 말씀(욜 2:28절 이하)을 강론하는 것이었습니다. 그러므로 현대의 목회자들인 목사들도 마땅히 하나님의 말씀인 성경을 강론(강해설교)하는 것이 교회에서 공적인 경건의 의무를 수행하는 중요한 역할임을 짐작할 수가 있습니다. 구지의 설명에 따르면 교회에서 목사는 "회중들을 향한 하나님의 입"입니다. 그러므로 목사는 마땅히 그가 선 예배당에서 성도들을 향한 하나님의 입의 역할을 수행하는 것입니다. (행 20:27절 참조)

◆ 행 20:7절에서 그 주간의 첫날(혹은 안식 후 첫날)에 드로아에 있는 교회에서 행해진 일들 가운데 회중들이 행한 경건의 의무는 무엇이었습니까? [80)]

행 20:11절 말씀은 주일에 드로아에 있는 교회에서 사도 바울이 성찬을 집례하고 날이 새기까지 말씀을 강론했던 것을 언급하고 있는데,

특히 성찬의 경우에는 목회자의 직무와 함께 성도들의 참여 가운데서 경건의 공적인 의무가 수행됩니다. 그러므로 성도들도 주일에 교회에서 경건의 의무를 수행하는 것임을 알 수가 있는데, 행 20:36절 말씀에서는 온 회중과 함께 사도 바울이 무릎을 꿇고 기도한 것을 기록하고 있어서, 더욱 온 회중이 교회에서의 경건의 의무를 행한 것을 알 수가 있습니다. 그런데 그 때에 온 회중이 함께 기도함으로 경건의 의무를 수행했을지라도, 문맥상 사도 바울이 대표로 기도한 것을 볼 수 있는데[49] 그 때에 사도 바울은 온 회중의 마음을 하나님께 고하는 입의 역할을 수행했던 것입니다.

◆ 고전 14:23-25절 말씀에서 믿지 아니하는 자들에게 예언을 하는 일은 교회의 온 회중들 가운데서 이뤄졌습니까? [81]

이처럼 교회에서의 공적인 경건의 의무들은 목사에 의해서 뿐 아니라 더욱 회중에 의해서도 수행되는데, 그처럼 목사와 회중을 포함한 교회의 모든 성도들이 함께 경건의 의무를 수행할 수가 있는 것입니다. 특별히 고전 14:24절에서는 방언을 말하는 것이 아니라 예언하는 것이 더욱 탁월함을 말하고 있는데, 24절 말씀에서 언급하고 있는 "예

---

49) 행 20:36절의 헬라어 문장은 "그의 무릎들을 꿇고 그들 모두와 함께 그가 기도했다."고 되어 있어서 사도 바울을 지목하여 기록하고 있습니다.

언"propheteuo이란 하나님의 말씀인 성경을 가르치며 말하는 것으로서, 고전 14:19절에서는 "교회에서 내가 남을 가르치기 위하여 깨달은 마음으로 다섯 마디 말을 하는 것이 일만 마디 방언으로 말하는 것보다 나으니라."고 했습니다. 그러나 그처럼 목사와 회중을 포함한 교회의 모든 성도들이 경건의 의무를 수행할지라도 그것은 질서를 이루는 가운데서 행해져야만 합니다.

◆ 행 13:16절에서 사도 바울이 일어나 손짓하며 말한 것으로 보건데, 고전 14:29-30절에서 언급하는 예언의 질서는 사역자(말씀 사역자)의 질서를 말합니까? [82]

◆ 고전 14:33-35절은 교회에서의 행해지는 공적인 경건의 의무인 예언(말씀 선포)이 모든 성도들이 행할 수 있는 사역이 아님을 말합니까? [83]

행 13:15절에는 "회당장들이 사람을 보내어 물어 이르되 형제들아 만일 백성을 권할 말이 있거든 말하라"고 기록하고 있는데, 회당장들은 일반 성도들 가운데 세워진 사람으로서 특별히 성경을 읽고 설교할 사역자를 택할 수 있었습니다. 아울러 고전 14:29절에서는 "예언하는 자는 둘이나 셋이나 말하고 다른 이들은 분별할 것이요."라고 했으니,

그처럼 성경을 읽고 설교할 수 있는 사역자들 가운데서 원하는 사역자가 회당장의 택함 가운데서 말씀을 낭독하고 설교할 수 있도록 하는 것이 회당에서의 예배형식이었습니다.

◆ 고전 14:24-25절 말씀은 경건의 공적인 의무(예언)를 회중들도 수행했음을 말해줍니까? [84)]

고전 14:6절에서 사도는 성도들에게 유익이 되는 것에 관하여 "계시(하나님의 계시)나 지식(그 계시에 대한 지식)이나 예언(그 계시를 선포하는 것)이나 가르치는 것(그 계시를 가르치는 것)"이라고 다양하게 표현했는데, 그러한 표현들은 공히 하나님의 계시를 가르치고 배우며 깨닫는 것이라는 공통점을 갖는 것입니다. 바로 그러한 일이야말로 교회로 모여 행하여야 할 경건의 의무이니, 고전 14:23절 말씀은, 그러한 일을 "온 교회가 함께" 행할 것으로 말하고 있습니다. 그런데 그처럼 온 교회가 함께(목사와 회중을 포함한 모든 성도들이) 행하는 경건의 의무란 일반적으로 공적인 예배를 말하는 것인데, 그러한 공적인 예배는 목사가 행할 의무와 역할만 있는 것이 아니라 온 회중이 다함께 행할 의무와 역할 가운데서 이뤄지는 것입니다. 그러므로 다음 문답에서는 그처럼 수행하는 의무를 각각 구별하여 살펴보게 될 것입니다.

한편, 주일에 예배당에서 함께 예배를 통해 수행하는 경건의 의무는 그처럼 목사가, 혹은 회중이, 때로는 목사와 회중 모두가 함께 수행하는 것이지만, 그럼에도 불구하고 그 의무를 수행하는 방식 자체에 있어서는 같은 방식[50]이라는 사실을 이해해야 합니다.

---

50) 고전 14:6절에서 언급하는바 "계시나 지식이나 예언이나 가르치는 것"이라고 하는 같은 맥락.

질문10 : 목사에 의해 어떤 의무들이 행해집니까?

대답10 : 첫째, 말씀을 읽음. (행 13:27, 골 4:16)

둘째, 그것을 설교함. (눅 4:20-21, 행 13:15)

셋째, 하나님을 찬양함과 기도함. (고전 14:15-16, 느 8:6, 9:5-6)

넷째, 성례의 집례. (마 28:19, 26:26 행 20:11)

다섯째, 성도들을 축복함입니다. (민 6:23)

앞선 두 가지(말씀을 읽음과 설교함)와 뒤의 두 가지(성례의 집례와 성도들을 축복함)를 행함에 있어, 목사는 하나님의 예배처소에 선 것이며, 하나님의 입입니다: 그러나 중간에 있는 의무(하나님을 찬양함과 기도함)를 행함에 있어서는 하나님을 향한 성도들의 입입니다.

교회(예배당)에서의 공적인 경건의 의무수행에 있어서 일차적으로 중요한 것은 목사에 의해 행해지는 의무들입니다. 이전의 문답들 가운데서 이미 살펴보았지만, 목사는 "회중을 향한 하나님의 입"으로서와 "하나님께로 향한 회중의 입"으로서의 기능을 수행하는 점에서 이중의 의무와 책임을 지는 자인 것입니다. 그러므로 예배당에서 목사에 의해 수행되는 경건의 의무들이 구체적으로 어떤 것들인지 살펴보도록 합니다.

◆ 골 4:16절에서 사도는 자신이 보내는 서신(골로새서)을 어떻게
  하도록 골로새에 있는 성도들(교회)에게 당부합니까? [85]

골로새에 있는 그리스도인들이 골로새서를 수신할 당시에 교회에
서 이미 구비하고 있는 성경은 구약성경이었습니다. 그렇지만 신약성
경도 점차 여러 형태로 기록되어 읽히기 시작했는데, 사도들의 증언을
모은 사복음서 뿐 아니라 사도 바울의 경우처럼 서신으로 기록되어 회
람되어 읽히기도 했으니, 골 4:16절에서 사도가 그의 서신을 라오디
게아 교회에도 돌려 읽도록 한 것이 바로 그 같은 예입니다.

◆ 행 13:15절로 보건데 행 13:27절의 "안식일마다 외우는바"란
  정확히 어떤 의미일까요? [86]

오늘날의 예배에서는 성경읽기를 성도들 가운데서 돌아가며 하는
경우를 볼 수 있으나, 신약성경에서 안식일에 성경을 읽는 것은 예배
중에 낭독함을 말하며, 그것은 사역자들이 하는 일이었습니다. 눅
4:16절에서 예수께서 "회당에 들어가사 성경을 읽으려고 서시"더라
는 말씀의 나타내는 바는, 그처럼 예수께서 예배 때에 하나님의 계시
인 성경 말씀을 읽는(낭독하는) 사역을 감당하셨음을 언급한 것입니

다. 마찬가지로 장로교회들에서는 말씀 사역자인 목사가 성경을 낭독했는데, 예배 때에 성경을 읽는 일은 고전 14:6절에서 언급한 "계시"이기 때문에 반드시 말씀 사역자인 목사가 낭독했던 것입니다. 그러므로 웨스트민스터 예배모범WESTMINSTER DIRECTORY, 1645에서는 성경 봉독에 대하여 이르기를 "공중 예배의 한 순서인 성경 봉독은 하나님께 대한 우리의 의지와 순종을 고백하는 시간이며 하나님의 백성을 훈육하기 위해 하나님이 거룩하게 하신 것으로 목사와 교사(교수)가 진행한다."[51]고 명시하여 언급하고 있는 것입니다. 한마디로 예배 중에 성경을 낭독하는 일은 목사가 예배당에서 행하는 경건의 의무에 속하는 일입니다.

◆ 눅 4:20-21절에서 예수께서는 안식일에 회당에 들어가사 성경을 낭독하셨을 뿐 아니라, 또 어떤 일을 수행하셨음을 나타내고 있습니까? [87]

◆ 행 13:15절에서 "백성을 권할 말이 있거든 말하라"는 것은 어떤 의미이겠습니까? [88]

---

51) 토마스 레쉬만, 정장복 역, 『웨스트민스터 예배모범』(서울: 예배와 설교 아카데미, 2002), 44.

누가복음 4장에 기록되어 있는 예수님의 행적이나 사도행전 13장에 기록된 사도 바울의 행적은 공통적으로 성경을 읽는 것과 그 나타내는바 뜻을 설교하여 가르치는 일이 사역자들의 주요한 의무였던 것을 알 수 있게 합니다. 그러므로 웨스트민스터 예배모범에서도 설교에 관해 언급하기를 "주님의 목회자는 엄숙한 예배를 위하여 훌륭한 은사를 갖추도록 한다. 즉 성경 원어에 대한 능력, 예술과 과학을 신성한 일에 사용하는 능력을 갖춘다. 또 신학 전반에 걸친 지식과 무엇보다 거룩한 성경에 대한 감각과 핵심 적용이 일반 신자들보다 한 단계 높은 수준이어야 한다."[52]고 했습니다.

◆ 신 8:3절에서 여호와 하나님께서 광야의 백성들에게 만나를 먹이신 것이 무엇을 알게 하려고 하심이라 했습니까? [89]

◆ 눅 22:19절에서 예수께서는 떡을 가져 감사기도 하시고서 무어라 말씀하셨습니까? [90]

광야에서 이스라엘 백성들이 얻은 양식인 만나는 단순히 육신을 위하여 주신 양식이 아니라 그것을 통해 하나님의 모든 말씀으로 사는 것

---

52) 앞의 책, 51.

임을 가르치시는 수단이었는데, 그처럼 예수께서는 동일한 양식을 사용하시어 자신을 기념하라고 말씀하시어 거룩한 예식(성례)인 "성찬"(혹은 주의 만찬)을 제정하셨습니다.

◆ 주께서 제정하신 성찬은 누구에 의해 시행되었습니까? [91]

◆ 고전 11:23절 말씀은, 성찬의 시행은 누구에게 전수되었음을 방증합니까? [92]

◆ 마 28:19절에서 주님께서는 누구에게 세례(성례)를 베풀도록 명하셨습니까? [93]

마 26:26절에서 예수께서는 성찬의 음료인 포도주에 대하여 "언약의 피"라고 말씀하셨습니다. 또한 눅 22:20절에서는 "새 언약"이라 말씀하셨는데, 앞선 19절에서 그 같은 성찬의 시행은 "이를 행하여 나(그리스도)를 기념"하는 것임을 말씀하셨습니다. 그러므로 주께서 제정하신 성례인 성찬은 주님의 말씀에 관계된 것임을 알 수가 있습니다. 주님을 기념한다는 말은, 주님께서 제정하신 성찬 가운데서 주님의 말씀(복음)을 기억하고 그 의미를 유념하는 의미인 것입니다. 그런데 그러한 성례의 시행은 주의 모든 제자들(주를 따르던 모든 자들)이 아니라 사도들에게 전수되었습니다. 마 28:19절에서 주님은 오직 사도들(열한 제자들, 오늘날에는 말씀 사역에 있어서 목사들에게로 전수됨)에게 세례를 베풀도록 명하신 것입니다.

◆ 민 6:24-26절의 이스라엘 자손을 위하는 축복은 누구에게 하도록 한 것입니까? [94)]

◆ 고후 13:13절이나 사전 5:23-24절 말씀은 단순히 편지의 끝인사입니까? [95)]

이미 살펴본 공적인 경건의 의무들과 함께, 성도들을 위해 복을 비는 것은 민 6:23절에 언급된 제사장들의 축복과 마찬가지로 교회 가운데서 목회자들에 의해 행해지던 경건의 공적인 의무들입니다. 특별히 고후 13:13절이나 살전 5:23-24절 말씀에서 공히 "너희 무리" 혹은 "너희"라는 단어로 회중을 지향하여 쓰였던 것입니다. 비록 사도가 직접 방문하여 행하는 축복이 아닐지라도, 성도들이 함께 모인 예배 가운데 회람되어 목사가 시행하는 축도의 문구로 사용되었던 것입니다. 그런데 이처럼 목회자들에 의해 행해지던 경건의 공적인 의무들에 대해 구지는 해설하기를 "앞선 두 가지(말씀을 읽음과 설교함)와 뒤의 두 가지(성례의 집례와 성도들을 축복함)를 행함에 있어, 목사는 하나님의 예배처소에 선 것이며, 하나님의 입"이라고 했을 뿐 아니라, "중간에 있는 의무(하나님을 찬양함과 기도함)를 행함에 있어서는 하나님을 향한 성도들의 입"이라고도 했습니다.

◆ 고전 14:26절 말씀은 15절의 "내가 영으로 기도하고 또 마음으로 기도하며 내가 영으로 찬송하고 또 마음으로 찬송하리라"는 사도의 말이 어떤 상황에서의 기도와 찬송임을 알게 합니까? 96)

이미 살펴본 성경의 구절들을 통해 우리들은 교회에서 목사가 어떤 일들로 공적인 경건의 의무들을 수행하게 되는지를 파악할 수 있었는데, 구지는 특별히 그러한 목사의 의무수행이 성도들을 향한 "하나님의 입"으로서 행하는 역할들과 아울러 하나님을 향한 "성도들의 입"으로서의 역할로 구별될 수 있음을 언급합니다. 그런데 구지의 그러한 언급들 가운데서 우리들은 교회의 목사가 공적으로 이중의 역할을 수행하는 자로서 중요하다는 사실을 알 수가 있습니다. 그러므로 이전의 문답에서 구지는 "이러한 의무들은 회중들에 의해 자발적으로 즐거이 행해지고 있지만, 그러나 목사들에 의해 더욱 구별되이 행해지는데: 그렇지 않으면 목사의 일이 헛되게 될 것입니다. 참으로 목사가 회중과 함께 즐거이 행할 의무들이 있고, 회중이 목사와 함께 행할 것이 있는데, 그 의무를 수행함에 있어서는 같은 방식으로 행해진"다고 했던 것입니다. 마찬가지로 웨스트민스터 예배모범에서도 성경 봉독, 설교 전의 공중 기도, 설교, 설교 후 기도, 축도, 성례전 등 예배의 구성요소를 세부적으로 언급하여 설명하고 있는데, 그 모든 구성요소들은 공히 교회에서 목사에 의해 수행되는 경건의 의무들에 대한 것들입니다.

◆ 여러분이 속한 교회의 공적 예배와 회집에 있어서 이 문답과 웨스트민스터 예배모범[53]에서 언급한 목사의 공적 경건의 의무가 바르게 시행되고 있는지 점검해 보시기 바랍니다.

---

53) 이와 관련해서는 고백과문답 출판사의 『웨스트민스터 예배모범 스터디』(장대선 저, 2018)를 참고하시면 유익합니다.

질문11 : 회중에 의해 어떤 의무들이 행해집니까?

대답11 : 첫째, 읽고 설교되는 말씀을 경청함. (행 13:16)

둘째, 기도와 찬양에 동의함. (행 20:7)

셋째, 성례에 참여함. (고전 14:24, 25)

넷째, 듣는 모든 것에, 아멘으로 화답함입니다. (고전 14: 24, 25)

만일 회중이 말씀을 경청하지 않는다면, 그것은 길가에 뿌려진 씨앗과 같아, 악인들이 앗아가 버릴 것입니다. (마 13:4) 만일 그들이 기도와 찬양에 동의하지 않는다면, 그들의 입술로는 하나님을 공경할지라도, 그들의 마음은 하나님에게서 먼 것입니다. (마 15:8)

만일 그들이 성례에 참여하지 않는다면, 그들 자신을 성도의 교제에서 쫓아내버리는 것입니다. (창 17:14, 민 9:13, 눅 14:24)

아멘이라 선언함에 관해서는, 그들의 마음이 그것을 선언함에 있어, 목사의 선포에 입각하여 한 것이고, 그 선포에 동의한 것이라고 한다면, 그러한 선언은 목사가 선포한 내용 모두를 전적으로 수용하는 것입니다. 이는 회중이 회합에서 그들의 마음을 표현하는 유일하고도 정당한 의미를 지닙니다. 그러므로 목사가 그들(성도들)의 동의를 듣고 그들의 이름으로 말한 것이 무엇인지를 듣는 것만큼, 모두가, 다함께, 크게 소리 내어 선언해야 합니다. 바로 그것(성도들의 동의)이 다른 것(목사의 선포)과 함께 필수적이기 때문입니다.

회중에 의해 행해지는 교회에서의 경건의 의무들은 사실 의무일 뿐 아니라 유익과도 밀접하게 관련되어 있습니다. 그러므로 회중이 이러한 의무에 불성실 하는 것은, 회중 자신의 경건에 크게 해가 되는 일이라는 사실을 생각할 수 있어야 합니다. 그렇다면 회중들은 어떤 경건의 의무들 가운데서 또한 경건의 유익을 얻을 수 있을까요?

◆ 눅 4:20절은 회당에서 성경을 읽으며 말씀하시는 예수께 대한 회중의 태도가 어떠했다고 기록합니까? [97]

◆ 행 10:33절로 보건데, 44절에서 성령을 받은 "말씀 듣는 모든 사람"들의 태도가 어떠했음을 알 수 있습니까? [98]

◆ 행 10:33절의 고넬료와 그의 친척들, 그리고 친구들로 이뤄진 회중들의 태도는 마 13:3-8절의 말씀 가운데 어떤 경우에 해당하겠습니까? [99]

눅 4:20절에서 회당에 모인 유대인 회중은 "다 주목하여" 봄으로 예수께서 읽으신 말씀(사 61:1)과 "그 입으로 나오는 바 은혜로운 말을 놀랍게"(22절) 여겼지만, "엘리사 때에 이스라엘에 많은 나병환자가 있었으되 그 중의 한 사람도 깨끗함을 얻지 못하고 오직 수리아 사람 나아만뿐이었느니라"(27절)는 말씀을 듣고 "크게 화가 나서 일어나 동네 밖으로 쫓아내"(28-29절)었습니다. 이처럼 말씀과 설교를 경청한다는 것은, 단순히 듣는 태도만을 말하는 것이 아니라 마음을 기울여 진실로 듣는 것을 일컫는 말입니다. 그러므로 그처럼 진실로 마음을 기울여 주님의 말씀을 듣지 않고, 자신들의 기준에 따라 예수님의 말씀을 거절한 많은 유대인들이 곧 들은바 놀랍고 은혜로운 말씀을 사단에게 빼앗기고 말았던 것입니다.

◆ 고전 14:14-16절 말씀은 교회에서의 기도와 찬양에 회중들이 어떻게 반응했음을 깨닫게 합니까? [100]

◆ 고전 14:17절 말씀은 교회에서 회중이 기도와 찬양에 동의하는

가운데 무엇이 세움을 받는다는 말입니까? [101]

◆ 사 29:14절 말씀은, 입술로는 하나님을 공경하는 기도와 찬양에
   동의하나 마음에 진실한 동의가 없는 태도로 말미암은 기이한 일
   을 무엇이라고 말합니까? [102]

   교회에서 공적으로 행하는 모든 경건의 의무들은, 일차적으로 그것
이 의무임과 아울러 경건의 덕을 세우고 유익이 되는 것이라는 점에서
필수적인 것입니다. 특별히 고린도전서 14장에서 사도 바울은 공적인
유익과 덕 세움을 위해 모든 기도와 찬송을 방언이 아니라 알아들을 수
있는 말로 할 것(혹은 통역하여 알아듣게 할 수 있도록 할 것)을 당부
하고 있으니, 교회에서 공적으로 하는 기도와 찬양에 모두가 동의할
수 있도록 하기 위함인 것입니다.

◆ 고전 11:20-21절에서 사도는 주의 만찬과 관련하여 고린도교회
   의 신자들이 어떻게 행한 것을 비판합니까? [103]

◆ 눅 14:24절 말씀에서 "전에 청하였던 그 사람들"이 하나도 하나
   님의 나라에서 떡을 먹는 복을 얻지 못한 이유는 무엇입니까? [104]

고전 12:27절에서 사도는 고린도에 있는 교회의 성도들을 향하여 이르기를 "너희는 그리스도의 몸이요 지체의 각 부분이라."고 했는데, 이미 12절에서 "몸은 하나인데 많은 지체가 있고 몸의 지체가 많으나 한 몸임과 같이 그리스도도 그러하니라."고 한 것에서 알 수 있듯이, 그리스도로 말미암아 한 몸을 이룬 것이 바로 교회입니다. 그런데 13절에서 사도는 "한 성령으로 세례를 받아 한 몸이 되었고 또 다한 성령을 마시게 하셨느니라."고 하여 성례(세례와 성찬)에 참여함으로 말미암는 성도들의 교제와 그 유익함을 말합니다. 한편, 회중들에 의해 교회에서 공적인 경건의 의무 수행함에 있어 중요한 것이 바로 "아멘"으로 화답하는 것입니다.

◆ 느 8:6절 말씀에서 에스라가 율법책을 이스라엘 백성들의 목전에 펴 읽으며 여호와 하나님을 송축했을 때에, 모든 백성들이 어떻게 반응했습니까? [105]

◆ 느 8:6절의 이스라엘 백성들의 태도는 학사 에스라가 읽은 말씀에 전적으로 동의하고 수용했음을 나타내는 것입니까? [106]

오늘날 교회에서 이뤄지는 예배 가운데에는 회중이 순서에 적극적으로 동참하도록 하고 있는 것을 볼 수 있습니다. 그러므로 심지어 장로교회들에서 행해지는 예배에서도 강단에 올라선 찬양단의 순서나 회중 가운데 세워진 대표가 낭독하는 성경봉독, 간증이나 여러 특별순서 등으로 채워진 것을 흔히 볼 수 있습니다. 하지만 장로교회의 예배의 표준인 웨스트민스터 예배모범에는 공중 기도, 성경 봉독, 시편 찬송, 설교, 성례의 집례 등이 있을 뿐입니다. 특히 "가끔은 시험에 대한 간증을 하는 것도 필요하다."고 언급할지라도 그것은 오늘날 흔히 볼 수 있는 것처럼 신자들 개인의 경험들을 증언하는 것이 아니라, "이것은 특별히 능력 있고 경험이 풍부한 목사가 신중함과 인내를 가지고 확실한 성경적 근거 아래 수행될 때 매우 유익할 것"이라고 부연하고 있어서, 그것이 오늘날과 같이 누구나의 경험을 증언하는 방식이 아니라는 사실을 알 수가 있습니다.

한편, 윌리엄 구지는 이 문답에 대한 설명 가운데 이르기를 "아멘이라 선언함에 관해서는………목사가 선포한 내용 모두를 전적으로 수용하는 것입니다. 이는 회중이 회합에서 그들의 마음을 표현하는 유일하고도 정당한 의미를 지닙니다."라고 했습니다. 예배 때에 강단에 선 목사가 전하는 말씀이 성경에 부합하는 것이라면, 성도들은 그 말씀에 전적으로 동의하는 표로써 "아멘"으로 화답해야 한다는 것입니다. 아울러 그러한 화답이야말로 공적인 예배 가운데서 성도들이 표현하는 유일하고도 정당한 것이라고 했습니다. 실제로 성경에서도 회중들이 제사 혹은 예배 가운데서 중요한 역할을 담당하는 예가 없으며, 이는 신약시대의 교회들에서도 마찬가지였습니다. 그런데 구지의 설명에 따르면 교회에서의 공적인 경건의 의무수행인 예배 가운데서 성도들이 표현하는 유일하고도 정당한 것이 "아멘"으로 화답하는 것이라는 사실은, 그것이 또한 필수적인 것이라는 의미를 담고 있습니다. 왜냐하면 그것은 교회의 공적인 경건의 의무를 수행하는 것이며, 회중으로서 예배 가운데서 그 마음을 표현하는 것이기 때문입니다. 그러므로 "목사가 그들(성도들)의 동의를 듣고 그들의 이름으로 말한 것이 무엇인지를 듣는 것만큼, 모두가, 다함께, 크게 소리 내어 선언해야" 한다고 덧붙여 언급한 것입니다.

질문12 : 목사와 회중이 함께 행할 경건의 의무들은 무엇입니까?

대답12 : 시편을 노래하는 것입니다. (마 26:30)

하나님의 백성들에 의해 시편을 노래하는 것이 항상 행해졌
으니, 장막에서뿐만 아니라, 성전과 유대인들의 회당, 그리
스도인들의 교회에서도 마찬가지로 행해졌습니다. 그리스
도께서도 그의 제자들과 함께 이를 행하셨고(마 26:30) 사
도들에 의해서도 이는 즐거이 행해졌으며(엡 5:19, 골
3:16) 초대 교회에 의해서도 수행되고(고전 14:15, 26),
모든 성도들에 의해 즐거이 행해졌던 이 의무에 의해, 우리
의 심령이 활력을 얻었던 것처럼, 다른 심령들에도 활력을
주니: 우리 모두가 하나님을 예배함에 더욱 유쾌하게 됩니
다. (그러므로) 이 땅에 있는 그들은 복되고 기쁘게 노래합
니다(약5:13).

오늘날에는 장로교회들의 예배에서도 흔히 성가대(혹은 찬양대)가
별도로 구성되어 찬송을 하는 것을 볼 수 있습니다만, 구지의 문답에
서는 그와 달리 회중찬송congregational hymn으로서의 시편송의 사용을
강조하고 있습니다. 즉 공적인 경건의 의무를 수행하는 예배에서는 시
편송을 회중 찬송으로 하여, 목사와 회중들이 다 함께 부름으로서 얻

게 되는 유익을 말하고 있는 것입니다.

◆ 엡 5:19절의 "시와 찬송과 신령한 노래"란 구체적으로 무엇을 말합니까? ※영어성경을 참조하세요. [107]

◆ 마 26:30절에서 예수님과 그의 제자들이 감람산으로 나아가며 부른 "찬미"는 무엇을 말합니까? [108]

◆ 대상 25:1-3절의 "신령한 노래"는 무엇을 말합니까? [109]

◆ 대상 16:8-36절의 감사 찬양은 무엇을 인용한 찬양의 가사입니까? [110]

구약 성경에서 신약 성경에 이르기까지, 시편을 노래로 부르는 것은 하나님의 백성들에 의해 항상 행해졌습니다. 특히 신약 성경의 곳곳에(엡 5:19, 골 3:16절 등) 언급된 "시와 찬송과 신령한 노래"란 시편송(시편을 직접 인용하여 부르는 노래)이나 시편에 담긴 신앙을 적용하여 만든 노래들(눅 1:46-55, 68-79; 2:29-32절의 노래들)을 말하는 것입니다. 그런데 그처럼 성경에서 항상 언급되는 시편을 노래하는 것은, 마 26:30절에서 단적으로 볼 수 있는 것처럼 온 회중이 함께 부르는 형태로 사용되었습니다. 역대상 16장이나 25장에 언급되는 다윗의 찬양대의 경우에도, 오늘날처럼 따로 그들만 부르는 것으로서가 아니라, 이스라엘 온 회중이 부르는 노래를 선창하여 함께 부르는 형태로서 시편에 담긴 내용을 인용하거나 응용하여 불렀던 것입니다. 한마디로 성경에서 언급하고 있는 찬송이란, 항상 시편과 연관된 노래들을 일컫고 있는 것입니다.

◆ 행 2:46-47; 3:8-9절에 공통적으로 나타나 있는 초대 교회의 모습은 무엇입니까? [111]

◆ 고전 14:15-17절로 보건데, 26절의 함께 모여 찬송시(시편송)를 부름은 다른 사람들에게 덕을 세우도록 하는 것입니까? [112]

교회에서 부르는 찬송이 회중찬송인 이유는 고전 14:17, 19절 말씀의 맥락이 잘 드러내 주고 있습니다. 즉 개혁된 교회의 예배에서 회중찬송을 부르는 것은, 자신의 신앙과 건덕만을 추구하는 것만이 아니라 다른 사람(회중)의 덕 세움을 추구하는 데에 중요한 의미가 있는 것입니다. 특별히 사도는 19절에서 "남을 가르치기 위하여" 하는 "다섯 마디 말"에 대해 "깨달은"understanding 것이라고 말하고 있는데, 그 말은 자신이 스스로 터득한 지혜의 말을 가리키는 것이 아니라 하나님의 말씀인 성경의 깨달음을 말하는 것입니다. 그러므로 하나님의 말씀인 성경이야말로 최고이며 특별한 계시·지식·예언이니, 바로 그 같은 성경의 찬송인 시편을 노래하는 것Psalms이야말로 그 같은 역할로서 온 회중이 사용할 수 있는 가장 큰 유익과 활력을 주는 은혜의 수단이 되는 것입니다.

chapter 2: 사적인 경건의 의무들

질문13 : 어디서 사적인 경건의 의무private duties of Pirty를 행합니까?

대답13 : 가정에서나, 기타의 사적인 장소에서입니다.

공적인 의무와 사적인 의무를 행함에는 각기 다른 구별이 있는데, 공적인 의무에 있어서는 아무도 예외일 수 없습니다. 그러나 사적인 것에 있어서는 일정 수의 사람들의 합의에 의해: 한 지붕 아래에 모이거나(수 24:15. 행 10:2, 30), 혹은 그러한 목적을 위해 다함께 동의한 다른 곳에서 이루어집니다(행 16:13). 같은 마음과 경건한 영향을 받는 가운데서 행하는 그러한 사적인 모임들에 의해, 그리스도인들은 아주 행복한 위로를 얻으며, 상호간에 서로를 교화edification할 수가 있다. 그리고 그것에 의해 공적인 의무에 있어서의 역량과 의무가 더욱 증진된다.

우리의 신앙생활, 특별히 주일을 거룩하게 성수하는 것과 관련하여 "사적인 경건의 의무들"private duties of Pirty에 관한 이해가 참으로 중요합니다. 지금까지 살펴본 "공적인 경건의 의무들"publick duties of Pirty

이 주로 목사에 의해 수행된 것과는 다르게, 사적인 경건의 의무들은 각자의 가정에서 가장House Head의 인솔로 드리는 가정예배, 그리고 은밀한 개인예배와 기타 행실들 가운데서 모든 신자들이 공히 수행하게 되는 경건한 주일의 의무들을 다루고 있기 때문입니다.

사실 우리의 신앙생활은 지나칠 정도로 교회당을 중심으로 이뤄지고 있는 실정입니다. 즉 예배당에 모여서 수행하는 예배나 기타 공적인 행사들에 참여하는 것이 신앙생활의 전부이다시피 한 것이 우리 신앙의 현주소인 것이지요. 그러나 경건한 신앙의 삶에 있어서, 그리고 경건하게 주일을 지킴에 있어서 "사적인 경건의 의무"를 수행하는 것은 너무나도 중요한 또 다른 측면이라는 사실을 알아야 합니다.

◆ 행 10:2, 30절은 하나님을 경외하며 기도하는 장소로서 어떤 곳을 언급합니까? [113]

◆ 행 16:13절은 어떠한 장소를 "안식일에……기도할 곳"으로 언급하고 있습니까? [114]

◆ 위의 두 본문, 즉 행 10:2절과 10절, 그리고 행 16:13절 가운데서 우리들은 신약교회가 사적인 경건의 장소로서 어떠한 곳들을

택했음을 알 수가 있습니까? [115)]

윌리엄 구지의 교리문답에서는 경건의 의무를 행함에 있어서 먼저 이르기를 "공적인 의무에 있어서는 아무도 예외일 수 없"다고 했습니다. 즉 모두가 예외 없이 공적인 예배의 장소에서 함께 모여서 경건의 의무를 수행해야만 하는 것이지요. 그러나 "한 집"이나, "모두가 동의한 어떤 다른 장소에서" 이루어지는 사적인 경건의 의무에 관해서는 이르기를 "어떤 일정한 수의 사람들의 합의에 의해" 이루어진다고 했습니다. 즉 한 가정의 가족들이나 혹은 개별적으로 다함께 동의된 어떤 일정한 수의 사람들이 사적으로 경건의 의무를 수행할 수 있다는 것입니다. [54)]

그렇다면 그처럼 사적으로 행하는 경건의 의무를 통해 그리스도인들은 어떠한 유익과 효과를 얻을 수가 있을까요?

◆ 윌리엄 구지의 문답에서는 "같은 마음과 경건한 영향을 받는 가

---

54) 스코틀랜드 가정예배 모범을 보면, 6항에서 이르기를 "그 가정을 방문중이거나 식사에 초대된 손님들, 혹은 합법적인 어떤 경우로 꼭 초대되어야 하는 경우가 아니면, 다른 사람들을 참여시킬 필요는 없다."고 한 것을 볼 수 있습니다. 이는 일반적인 가정예배 시의 지침이며, 윌리엄 구지의 문답에서는 주일을 경건하게 지킴에 있어서 가정예배 외에도 "일정한 수의 사람들의 합의에 의해" 이뤄지는 어떤 모임이 이뤄질 수 있음을 언급하고 있는 것입니다.

운데서 행하는 그러한 사적인 모임들에 의해" 그리스도인들은
먼저 어떠한 것을 얻는다고 했습니까? 116)

◆ 그러한 것을 통해 얻을 수 있는 또 한 가지는 무엇입니까? 117)

사적인 경건의 의무는 먼저 주일을 거룩히 지킴에 있어서 공적인 경
건의 의무 외에도 반드시 요구되는 것입니다. 그러므로 이는 반드시
행해야 할 의무duty이지만, 아울러 그러한 의무에는 실질적인 여러 유
익들이 있는 것을 윌리엄 구지의 문답 가운데서 교훈하고 있습니다.
특히 "그것에 의해 공적인 의무에 있어서의 역량과 의무가 더욱 증진
된다."고 한 문구 가운데서, 우리들은 공적인 경건의 의무 수행과 사
적인 경건의 의무 수행이 서로 긴밀하게 연계되어 있음을 알 수가 있
습니다. 즉 예배당에서의 공적인 예배에 앞서 행하는 가정예배로, 혹
은 이후의 다른 모임 가운데서 행하는 경건의 의무를 통해, 공적인 경
건의 의무를 앞서 예비하며55), 또한 더욱 진전시킬 수가 있는 것입니
다.

---

55) 예배당에서의 예배에 앞서 가정에서 행하는 경건의 의무를 통해, 공적인 예배에
더욱 집중하며 또한 더욱 고양될 수가 있는 것입니다.

질문14 : 사적인 경건의 의무란 어떤 것들입니까?

대답14 : 첫째로, 하나님의 말씀을 읽음. (딤전 4:13)

둘째로, 기도와 하나님을 찬양함. (행 16:13)

셋째로, 교리문답을 행함. (신 6:7)

넷째로, 설교를 되뇜. (행 17:11)

다섯째, 거룩한 토의. (눅 24:14)

여섯째, 시편을 노래함입니다. (행 16:25, 약 5:13)

이러한 사적인 의무들의 합당하고 충실한 시행 가운데서, 개인의 가정은 하나님의 교회가 된다. 또한 하나님께서 오벳에돔의 집에 계시며 그들을 축복하셨던 것처럼(삼하 6:12), 거기에 함께 하실 것이며, 실로 두 세 사람이 그러한 목적으로 모이는 곳에는 그리스도께서 그의 영으로 그들 가운데 함께 하실 것이다(마 18:20).

이러한 의무를 이행함에 있어, 그 가운데 능력 있는 자가 늘 그렇게 해왔던 바와 같이 나머지의 입이 되어서 하나님의 말씀을 읽으며, 하나님께 기도하고 그를 찬양하며, 교리 문답을 시행하고 설교를 되뇌므로 신앙의 기초를 가르친다. 그리고 가능한 한 가정의 가장the governor of the family[56]이 이러한 의무들을 행하는 것이 가장 바람직하다.

교회당에 가기 전, 그리고 돌아온 후에 이러한 경건의 의무
들을 신실하게 수행함으로, 즉 우리가 교회당에 있지 않는
그 때에도 공적인 의무들이 우리로 더욱 유익케 된다. 실로
이러한 사적인 의무들을 행함으로써 우리가 교회당에 있지
않은 때에도 거룩해질 수가 있는 것이다.

'사적인 경건의 의무'the private duties of Piety란, 일반적으로는 가
정에서 이뤄지는 가정예배를 말합니다. 그러므로 이 문답에서 윌리엄
구지는 가정예배에 포함되는 요소들을 언급하고 있는 것인데, 특별히
"교리문답을 행함"과 "거룩한 토의"라는 요소에서 볼 수 있듯이 교리
교육과 같은 신앙교육의 중요한 터전이 바로 가정예배인 것을 볼 수가
있습니다. 즉 현대의 '주일학교'sunday school[57] 위주의 교육 시스템보
다도 더욱 근본적으로 시행된 신앙교육 시스템이 바로 가정에서 이뤄
지는 "사적인 경건의 의무"를 수행함이었던 것입니다. 심지어 그것은
구약시대부터 신약시대에 이르기까지 계승되어 온 것이었습니다.

---

56) 일반적으로 '가장'은 스코틀랜드 가정예배모범에서 볼 수 있듯이 'Head of the
family'라 칭하는데, 여기서는 'governor of the family'라 칭하여 가정을 다스리
는(통치하는) 자로서의 가장의 권위를 더욱 강조하고 있다. 물론 'Head'라는 용
어도 사실은 권위를 부여하고 있는 용어이지만, 'governor'라는 용어에는 더욱 다
스림의 의미가 강조되는 것이다. [역자 주]

◆ 딤전 4:13절에서 사도 바울은 디모데에게 어떤 경건의 의무들을 언급합니까? [118)

◆ 딤전 4:13절에서 사도 바울이 언급하는 그러한 의무들 가운데 사적인 경건의 의무에도 포함되는 것은 무엇입니까? [119)

딤전 4:13절에서 "읽는 것"이란 직접적으로 성경을 회중 앞에서 봉독하는 것을 가리킵니다. 또한 "권하는 것과 가르치는 것"은 권면과 교훈함으로서, 일반적으로 설교를 통해, 그리고 일부 치리 가운데서 행해지는 것입니다. 그런데 특히 성경을 봉독하는 것은 교회당에서 공적으로서 뿐만 아니라 가정에서 사적으로도 더욱 행할 수 있는 일입니다. 물론 권하는 것과 가르치는 것 또한 넓게는 "교리문답을 행함"과 "거룩한 토의"를 통해 행해질 수 있는 것들입니다.

---

57) 사실 '주일학교' 시스템이 교회의 교육시스템으로 자리한 것은 18세기 후반에 영국에서 일어난 산업혁명으로 말미암아 자본주의적인 공업생산이 발달하게 되면서 야기된 공장노동자들의 자녀들에 대한 교육책으로서 최초로 등장한 '주일학교운동'에서 유래한 것이다. 즉 잉글랜드 글로스터 지방에서 로버트 레이크스(Robert Raikes, 1735-1811)라는 국교도가 1780년에 글로스터 공장지대의 난폭하고 행실이 나쁜 빈곤층 자녀들이 휴일인 주일에 비행을 일삼지 못하도록 하기 위해 예배당에 모이도록 유도하여 부근에 있는 읽기학교 여교사를 통해 글 읽기와 교리문답서를 가르치기 시작한 데서 비롯한 일종의 생활개선 프로그램에서 시작한 것이다. 우메네 사토루, 『세계교육사』(서울: 풀빛, 1990), 323-5.

◆ 행 16:13절에서 "문 밖 강가에" 모인 여자들은 문맥상 무엇을 하기 위해 모인 자들이었습니까? [120]

◆ 행 17:11절에서 베뢰아 사람들이 "간절한 마음으로 말씀을 받고 이것이 그러한가 하여 날마다 성경을 상고"하였다는 것은 사적인 경건의 의무에 있어 어떤 내용을 나타내고 있습니까? [121]

◆ 신 6:7절의 "가르치며…강론" 한다는 것은, 이 문답의 사적인 경건의 의무 가운데 어느 항목에 해당하는 언급일까요? [122]

◆ 눅 24:14절에서 "이 모든 된 일을 서로 이야기(혹은 의논)하"던 것은 언제 있었던 일입니까? [123]

◆ 눅 24:14절에서 두 제자들이 나눈 이야기는 어떠한 것에 관해서 였을까요? [124]

◆ 행 16:25절에 기록한 "찬송"이란 구체적으로 무엇을 노래했다

는 것일까요? [125)]

　행 16:13절에서 볼 수 있듯이, 사도들은 예수께서 승천하신 뒤에도 한 동안 안식일을 성수했습니다. 특히나 사도행전 16장에 기록되어 있는 일련의 사건들을 보면 사도들이 공적인 경건의 의무를 안식일에 수행할 수 없는 환경, 즉 '회당'synagogue과 같이 공적으로 모일 수 없는 여건 가운데서 어떻게 안식일을 거룩히 성수했었는지를 생생히 살펴볼 수가 있습니다. 특별히 행 16:14절은 사도들이 "루디아라 하는 한 여자"의 집에서 세례를 행하고 안식일에 행할 마땅한 경건의 의무들을 수행했음을 볼 수가 있으며, 또한 옥에 갇혀서도 사적인 경건의 의무로서 한밤중에 "기도하고 하나님을 찬송"(25절)하는 사적인 경건의 의무를 안식일에 행한 것을 볼 수가 있습니다. 그런즉 안식일의 의무를 행하던 사도들과 초대교회의 모습은 구약시대로부터 내려온 신앙전통의 기본적인 형식을 떠나지 않고 잘 수행하는 것이었음을 알 수가 있습니다. 한마디로 윌리엄 구지가 이 문답에서 언급하는 사적인 경건의 의무들에 포함되는 항목들은, 구약시대부터 신약시대에 이르기까지 이어져 왔었던 기본적인 경건의 의무들이었던 것입니다. [58)]

---

58) 이 점에 있어 우리가 분명히 기억해야 할 것은, 예수께서 마 5:18절에서 친히 말씀하신 것처럼 "천지가 없어지기 전에는 율법의 일점 일획도 결코 없어지지 아니하"리라는 것이다. 그러므로 "너희 의가 서기관과 바리새인보다 더 낫지 못하면 결코 천국에 들어가지 못하리라"(20절)는 말씀은, 그리스도의 제자들이 서기관과 바리새인들처럼 율법을 형식적으로만 지키는 것이 아니라, 율법의 근본적인 취지와 뜻을 따라 준행해야 마땅한 것을 이르신 것이다.

◆ 이 문답에서는 "이러한 사적인 의무들의 합당하고 충실한 시행"에 의해 "개인의 가정"은 무엇이 된다고 했습니까? [126)]

◆ 마 18:20절의 "두세 사람이 내 이름으로 모인 곳"이란, 이 문답에 따르면 어느 모임을 포함합니까? [127)]

◆ 이 문답에 따르면 사적인 경건의 의무를 수행함에 있어서, 일반적으로 누가 모인 자들의 입이 되기에 가장 적합합니까? [128)]

◆ 교회당에서 공적인 경건의 의무를 수행하기 전에 사적인 경건의 의무를 수행하는 것에는 어떠한 의미가 담겨 있습니까? [129)]

◆ 사적인 경건의 의무를 수행함에 있어 공적인 의무들이 우리에게 더욱 유익하게 되는 것은 (첫째~여섯째 가운데) 특히 어떤 것에 의해서입니까? [130)]

이러한 사적인 의무들을 합당하고 충실하게 이행함으로써 신자들의 집은 하나님의 교회가 됩니다. 즉 교회당에서의 공적인 경건의 의무를 수행하는 것뿐만 아니라 집으로 돌아와서 행하는 사적인 경건의 의무 수행을 통해, 신자들의 가정은 신자들의 어머니와도 같은 교회를 이루게 됨으로써 그야말로 온 종일(24시간) 경건하고 거룩한 안식 가운데 있게 되는 것이지요. 한마디로 경건하게 안식할 날인 주일에 교회당에 가기 전에 사적인 경건의 의무를 수행함으로써 신자들의 신앙과 경건은 공적인 예배에 더욱 적합하게 고양되고, 또한 돌아와서 행하는 사적인 경건의 의무 가운데서 공적인 예배 때의 설교를 되뇜으로 더욱 온전히 말씀을 숙지하는 유익을 얻게 되는 것입니다.

chapter 3: 경건의 은밀한 의무들

질문15 : 어디에서 경건의 은밀한 의무secret duties of Pirty를 행합니까?

대답15 : 하나님과 그 자신만이 있을 수 있는 비밀한 곳에서입니다. 그리스도인이 홀로 있으며 아무도 그의 곁에 없는 때에 어떠한 장소라 할지라도 은밀한 의무와 상관이 없는 곳은 없으니, 그러한 의무들과 관련하여 주께서는 네 골방에 들어가서 문을 닫고 기도하라고 이르셨다(마 6:6). 은밀한 의무들을 수행함에 있어서는 우리가 무엇을 하려는지 누구도 알지 못하고 오직 하나님께서만 아시는 그러한 방식이어야 할 것이니, 그처럼 행함으로 그의 심령이 더욱 고양되고 위선과 헛된 영광으로부터 자유하게 될 것이며, 그것을 행하는 사람에게 그 의무가 더욱 많은 위로를 주게 될 것이다.

'은밀한 경건의 의무'the secret duties of Piety란, 개인적으로 수행하는 경건의 의무를 일컬어 칭하는 것입니다. 그러므로 안식일로서의 주일에 행하는 신자들의 경건의 의무는, '공적인 경건의 의무'와 그에 앞서 그리고 그 후에 약속된 또 다른 장소 혹은 각자의 가정에서 소규모로 행하는 '사적인 경건의 의무' 뿐 아니라 '은밀한 경건의 의무'에 의해 개인적으로도 은밀히 수행할 수 있도록 되어 있는 것입니다.

사실 윌리엄 구지의 시대인 17세기 유럽의 상황은 오늘날 우리들의 상황과 많이 다릅니다. 오늘날에는 컴퓨터나 휴대전화를 활용하는 매체들과 문화 콘텐츠들이 범람하여 그것에 중독이 될 정도이지요. 그러므로 경건의 의무에 있어서도 사적인 경건의 의무뿐 아니라 은밀한 경건의 의무야말로 시행하는 것이 쉽지 않은 현실입니다. 이를 위해서는 먼저 안식일에 해당하는 주일의 경건의 의무를 위해, 주일 하루 만큼이라도 T·V나 컴퓨터, 그리고 휴대전화를 통한 문화 콘텐츠들을 근절하는 결단이 선행되어야 하겠습니다.

◆ 마 14:23절에서 예수께서는 경건의 수행에 있어서 어떤 모범을 제시하고 있습니까? [131)

◆ 이 문답에서는 경건의 은밀한 의무들을 수행함에 있어서 어떠한 방식이어야 한다고 했습니까? [132)

◆ 그러한 방식으로 이 의무를 수행함으로 얻게 되는 유익은 무엇입니까? [133)

첫 사람 아담의 타락[자발적인 불순종으로 말미암은 타락] 이후로 우리들은 항상 죄에 대하여 노예와도 같은 본성의 상태 가운데 있습니다. 그러므로 심지어 하나님께서 성경 가운데서 명하시며 교훈하신 의무들조차도 자신을 나타내고 우쭐대는 근거로 삼으려는 의도로 수행하기 십상입니다. 신약시대의 바리새인들과 몇몇 율법주의자들은 바로 그러한 자들로써, 그들은 하나님께 기도하는 것조차도 사람들에게 드러나도록 함으로 자신들의 경건을 뽐내고자 하는 자들이었습니다. 하지만 참된 경건의 의무는 은밀히 하나님 앞에서만 행하는 것이 마땅하며, 그 때에 하나님께서는 또한 여러 유익들을 은밀히 주시는 것입니다. 그리고 그러한 실질적인 유익들 가운데서, 신자 개개인은 가정에서의 사적인 경건의 의무뿐 아니라 예배당에서의 공적인 의무에 있어서도 예비되는 은혜와 유익을 더하여 얻게 됩니다.

질문16 : 경건의 은밀한 의무secret duties of Pirty란 어떤 것들입니까?

대답16 : 첫째로, 하나님의 말씀을 읽음. (행 8:28)

둘째로, 기도와 하나님을 찬양함. (막 1:35, 행 10:9, 시 119:164)

셋째로, 묵상함. (창 24:63, 시 63:6)

넷째로, 자기 자신을 살핌입니다. (시 4:4, 고전 11:28)

이러한 은밀한 의무들 가운데 처음 두 가지는 사적으로나 공적으로 수행될 수 있는 것들이며, 다만 그것들을 수행하는 방식에 있어서는 차이가 있다. 그러나 나중의 두 가지(묵상과 자기 자신을 살핌)는 가장 은밀한 곳에서 수행하기에 더욱 적합한 것들로서, 왜냐하면 그것들은 정신적인 활동일 뿐 아니라 특별히 자기 자신에 관한 것이기 때문이다.

이러한 경건의 은밀한 의무들은 특별히 이른 아침과 늦은 밤에 수행하는데, 주일에는 우리의 지난 모든 허물들을 위한 속죄의 수단으로써 뿐만 아니라, (다른 의무들을 더욱 잘 준비하기 위해) 이러한 것들과 더불어 시작하고 마치도록 한다. 앞서 언급한 은밀한 의무들은 이러한 두 가지의 목적을 위해 탁월하게 활용될 수 있을 것이다.

앞서 언급한 공적, 사적, 그리고 은밀한 경건의 모든 의무들을 행하고자 하는 사람이라면 누구나, 잠자리에서 일어나서부터 다시 누울 때까지 시간이 그리 많지 않다는 것을 알 수 있을 것이다. 따라서 그들은 남아도는 시간들 가운데서 무엇을 해야 할지, 어떻게 시간을 보내야 할지 모르겠다고 불평할 이유가 없을 것이다. 특히나 경건의 여러 의무들에 자비의 의무duties of mercy까지 덧붙인다면 더욱 그럴 것이다.

'경건의 은밀한 의무'secret duties of Pirty는 가정에서나 소규모의 모임에서 이뤄지는 사적인 경건의 의무뿐 아니라, 예배당에서 이뤄지는 경건의 공적인 의무에도 연계되는 가장 기초적인 경건의 의무입니다. 그러므로 이러한 경건의 은밀한 의무를 잘 시행하는 것을 통해서 사적인 경건의 의무뿐 아니라 공적인 경건의 의무들 가운데 얻을 수 있는 유익들까지 더욱 온전하게 고양시킬 수가 있는 것입니다.

그렇다면 이제 모든 경건의 의무들에 있어서 출발이자 기초가 되는 경건의 은밀한 의무가 무엇인지 자세히 살펴보도록 합니다.

◆ 행 8:28절에서 이방인이면서도 경건한 자인 에티오피아 사람은 개인적인 시간에 무엇을 하고 있었습니까? [134]

행 8:26절로 40절까지에는 빌립과 "에티오피아 사람 곧 에티오피아 여왕 간다게의 모든 국고를 맡은 관리인 내시"와의 일들을 기록하고 있는데, 25절 말씀에서는 그 내시가 "예배하러 예루살렘에 왔다가 돌아가는" 길이었던 것을 언급하고 있습니다. 그러므로 그 내시와 빌립의 만난 것은 예배의 날이 아직 주의 날로 바뀌기 전이었던 안식일이었을 가능성이 높습니다. 즉 안식일에 그 내시는 개인적으로도 경건의 의무를 행하고 있었던 것으로 보입니다.

◆ 시 119:164절에서 시인은 "주의 의로운 규례들로 말미암아"서 "하루 일곱 번씩" 무엇을 행하노라고 말합니까? [135]

◆ 행 10:9절에서 베드로 사도는 정기적으로 어떠한 행실을 해왔음을 기록하고 있습니까? [136]

시 119편에서 시인은 전체적으로 여호와의 율법을 따라 신실히 준행하는 자가 복이 있음을 고백하고 있습니다. 1절에 기록한바 "행위가 온전하여 여호와의 율법을 따라 행하는 자들은 복이 있음"을 고백한 것입니다. 이러한 맥락으로 유대인들은 경건의 의무들을 제도적으로 시행해 왔으니, 마 14:23절에 기록된 예수님의 행적, 즉 "기도하러 따로 산에 올라가시니라."는 말씀, 그리고 행 10:9절에서 베드로 사도가 "기도하려고 지붕에 올라"갔었던 것도 시편 119편의 시인이 강조하는바 "주의 의로운 규례들"(164절)을 따라 습관으로 행하던 경건의 모습이었던 것입니다.

◆ 뿐만 아니라 시 64:6절에서 시인은 언제 "주를 묵상"했다고 기록하고 있습니까? [137)

◆ 고전 11:28절에서 바울 사도는 성찬에 참여하는 자에게 무엇을 행하도록 권고하고 있습니까? [138)

신약시대의 그리스도 교회의 모습은 율법주의의 폐단과 유대주의의 잘못된 관행들, 그리고 의식법(제사법 등과 관련된 구약의 규례들)과 같은 것들을 제외하고 구약성경의 온전한 가르침 가운데 제정된 율례들을 성실히 따르는 바탕 가운데 있었습니다. 그러므로 예수님과 그분의 제자들인 사도들도 구약시대로부터 올바르게 계승된 율례를 따르는 관습들을 잘 따라 행해왔었는데, 하루 가운데 특정한 시간을 내어 기도하고 찬양하며, 또한 묵상 가운데서 자기 자신까지도 돌아보고 살피는 경건의 의무를 늘 준행하는 가운데 있었습니다.

그러나 안타깝게도 그처럼 바람직하게 신약시대의 그리스도의 교회들에서도 지켜 행하는 좋은 경건의 관습들[혹은 의무들]을, 지금 우리의 시대는 거의 알고 있지 못한 실정입니다. 그러므로 거꾸로 성경을 통해서 그러한 경건한 습관들을 찾아 행하는 것이야말로, 지금 우리들이 행할 시급한 경건의 과제이기도 한 것입니다.

◆ 이 문답에서 제시하는 네 가지 가운데서 은밀한 경건의 의무에 더욱 적합한 것 두 가지는 무엇입니까? [139)]

◆ 그 두 가지가 은밀한 경건의 의무에 더욱 적합한 것은 무엇 때문입니까? [140)]

은밀한 경건의 의무에 있어서 중요한 것은 앞에서 살핀바 "위선과 헛된 영광"에 빠지지 않도록 은밀한 가운데 행해야 한다는 점입니다. 마 6:5절에서 주님께서는 외식하는 자의 기도에 대하여 "그들은 사람에게 보이려고 회당과 큰 거리 어귀에 서서 기도하기를 좋아하느니라."고 말씀하셨는데, 그처럼 자기를 드러내고자 하는 기도는 오히려 이 문답에서 언급한 것처럼 위선과 헛된 영광에 빠지는 것일 뿐임을 알 수가 있습니다.

◆ 이 문답에서는 경건의 은밀한 의무들이 어떠한 목적을 위해 탁

월하게 활용될 수 있다고 했습니까? [141]

◆ 이 문답에 따르면 안식일 하루와 관련하여 "아무 일도 하지 말라"는 출 20:10절 말씀이 의미하는 바가 무엇이겠습니까? [142]

◆ 이 문답에 따르면 안식일로서의 주일 하루 동안에 합당하게 행할 수 있는 것들(의무들)은 무엇입니까? [143]

안식일과 관련하여 기록한 출 20:8-11절까지의 말씀을 보면, 일곱째 날에 행하지 말아야 하는 일은 엿새 동안 힘써 행해오던 모든 일들임을 볼 수 있습니다. 즉 일상적으로 행해오던 모든 일들을 행하지 말라는 것입니다. 그러므로 안식일에는 아무 일도 하지 말라는 말씀은 일차적으로 지금까지 행하던 일상적인 일들을 행하지 말고 멈추라는 말씀입니다.

그런데 출 20:11절 말씀은 "이는 엿새 동안에 나 여호와가 하늘과 땅과 바다와 그 가운데 모든 것을 만들고 일곱째 날에 쉬었음이라."고만 기록하지 않고, "그러므로 나 여호와가 안식일을 복되게 하여 그날을 거룩하게 하였느니라."는 말씀을 덧붙여 이르신 것을 기록하고 있습니다. 마찬가지로 창 2:3절에도 기록하기를 "하나님이 그 일곱째 날을 복되게 하사 거룩하게 하셨"다고 했습니다. 그런즉 안식일은 단순히 일상적인 일들을 멈추는 의미뿐 아니라 거룩하고 복된 것에 관련되어 있는 날임을 알 수가 있습니다. 즉 안식일로서의 주일은 엿새 동안에 하던 일상을 멈추고 거룩하고 복된 일을 행하므로 비로소 '안식'sabbaths하는 날인 것입니다. 그러므로 안식일은 결코 '게으름'laziness의 날이 아닌, 경건의 의무들을 행하는 날인 것입니다.

chapter 4: 자비의 일들

질문17 : 자비의 일들workes of mercy에는 어떤 것들이 있습니까?

대답17 : 첫째로, 영the soule에 관한 것들이 있습니다. (요 7:22, 23)

둘째로, 몸the body에 관한 것들이 있습니다. (막 1:29-31)

사람은 영과 몸 두 부분으로 이뤄졌다. 그리고 그 둘은 모두

여러 질병들과 여러 부족함들로 이뤄졌다. 그러므로 우리들

은 영과 몸 모두에 있어서 많은 도움을 제공하고, 서로에게

많은 자비를 보여야 한다.

앞에서 우리들은 안식일에 결코 게으를 수 없으며, 오히려 안식일에 마땅히 행할 경건의 의무들이 있음을 살펴보았습니다. 만일에 안식일이 단순히 육체적인 휴식만을 위한 날이었다면, 안식(혹은 휴식)에 관계된 언급 외에 굳이 '거룩'에 관한 언급을 할 필요가 없었을 것입니다. 그리고 그처럼 거룩에 관한 언급이 없는 체로 안식일을 이해한다고 한다면, 불신자들에게도 제공되는 휴일로서의 일곱째 날과 안식일로서의 일곱째 날이 전혀 구별되지 않을 것입니다.

그러나 일곱째 날은 태초로부터 분명히 안식일로서, 일상적인 육체

의 일을 쉬는 것과 아울러 특별히 영의 일인 거룩과 관련한 일들을 수
행하는 의무가 주어진 날입니다.

◆ 이 문답에서는 자비의 일에 관련하여 어떠한 두 가지의 것들을
   말합니까? [144)]

◆ 주님께서는 요 7:23절에서 안식일에 어떠한 자비의 일을 행하셨
   다고 했습니까? [145)]

행 7:8절에서 스데반은 "할례의 언약"이라는 말을 사용하여 "할례
의 언약을 아브라함에게 주셨더니 그가 이삭을 낳아 여드레 만에 할례
를 행하고 이삭이 야곱을, 야곱이 우리 열두 조상을 낳으니라."고 했
습니다. 그런즉 할례는 단순히 위생적인 유익을 끼치는 것을 넘어서,
언약의 백성으로서의 표시로서의 영적인 의미를 담고 있음을 알 수 있
습니다. 그런즉 육체에 할례를 행하는 것은 또한 언약 백성으로서의
영적인 표시를 나타내는 것이기도 한 것이지요.

◆ 요 7:23절에 기록된 일을 이 문답에서는 왜 "영에 관한 것"으로
   말하는 것일까요? [146)]

◆ 막 1:31절에서 안식일에 회당을 나와 예수께서 하신 일이 무엇이라고 기록하고 있습니까? [147]

◆ 막 1:31절에 기록되어 있는 예수께서 하신 일은 순전히 육체에 관한 자비의 일이었습니까? [148]

일반적으로 자비의 일은 육신적인 필요를 공급하고 도움을 주는 일이라 할 것입니다. 하지만 요 7:23절에서 주님께서는 할례가 육신에 행하는 예법이면서도 그 안에 언약 백성으로서의 영적인 축복의 의미가 담겨 있음을 전제하시면서, 또한 "안식일에 사람의 전신을 건전하게 한 것"을 언급하셨습니다. 아마도 그 일은 앞서 요 5:5절에 언급하는바 "서른여덟 해 된 병자"를 일어서게 하신 것을 말씀하심인 것으로 보이는데, 이어지는 요 5:14절은 그 병자에게 예수께서 이르신 말씀, 즉 "보라 네가 나았으니 더 심한 것이 생기지 않게 다시는 죄를 범하지 말라."고 하신 것을 기록하고 있습니다. 이는 곧바로 요 8:11절에서 간음하다 붙잡힌 여인에게 주님께서 하신 말씀, 즉 "나도 너를 정죄하지 아니하노니 가서 다시는 죄를 범하지 말라"고 하신 말씀과 같은 맥락인 것입니다. 그러므로 예수께서는 그 사람의 육신뿐 아니라 죄, 즉 영적인 문제에 관해서도 치유하시고자 하심을 알 수가 있습니다. 그렇게 말씀하심으로서 예수께서는 그 병자의 병이 죄로 말미암은 것이리라는 암시와 더불어서 죄, 즉 영적인 것과 육신의 병이 상호 연관되는 것을 나타내 보이신 것입니다. 그러므로 이 일을 바탕으로 말씀하시는 요 7:23절에서 주님께서는 안식일에 "사람의 전신을 건전하게 한 것"으로 말씀하신 것이지요. 즉 육신의 병환뿐 아니라 영과 관련한 죄의 문제까지 연계하시어서 "사람의 전신"이라는 표현을 하신 것입니다.

그런데 윌리엄 구지의 문답에서도 "자비의 일"에 관하여 "영에 관한 것"과 "몸에 관한 것"을 구별하여 다루면서도, 또한 설명하기를 "그 둘은 모두 여러 질병들과 여러 부족함들로 이뤄졌다. 그러므로 우리들은 영과 몸 모두에 있어서 많은 도움을 제공하고, 서로에게 많은 자비를 보여야 한다."고 하여, 때로는 육신에 관계되는 자비의 일을 행할 뿐 아니라 영과 육신이 함께 연계되어 도움을 주는 자비를 베풀어야 함을 설명하고 있습니다. 한마디로 육신의 병을 치료하고 보살핌으로서 그 심령 또한 평안하고 온전하게 하는 자비를 안식일에도 행함이 마땅한 것이지요.

질문18 : 영the soule에 관한 자비의 일들은 무엇입니까?

대답18 : 첫째로, 무지한 자를 가르치는 것입니다. (고전 12:1)

둘째로, 약한 자를 일으키는 것입니다. (행 20:35)

셋째로, 의심을 풀어주는 것입니다. (눅 24:38, 39)

넷째로, 곤란에 처한 사람을 위로하는 것입니다. (요 11:31, 14:1. 고후 2:7, 살전 5:14)

다섯째로, 오류를 바르게 가르치는 것입니다. (마 22:29. 약 5:19, 20)

여섯째로, 죄인을 책망하는 것입니다. (막 8:33. 눅 3:19. 고후 2:6)

일곱째로, 다른 이들을 교화시키는 모든 방편들입니다. (살전 5:11. 롬 15:2)

이러한 것들은 하나님의 말씀에서 끌어온 명령instructions, 지도와 견책directions and apprehensions이기에 어쩌면 경건의 일 가운데 하나로 명명될 수 있을 것이다. 그러나 그것들은 우리의 형제들을 그들이 처한 영적 곤경과 그 영혼의 필요를 채워주려는 경향을 지니므로 다른 면에서 자비에 속한 일들인 것이다. 그것을 이루는 수단the matter에 있어서는 그것이 경건한 일들works of piety이 되며, 그 목적하는 바에 있어서는 자비의 일들works of mercy이 되는 것이다. 그러므로 주의 날에 이 모든 일들을 근면하게 행함에 있어 우리가 그것을 행하는 어떠한 경우에나 발견할 수 있는 우리를 묶는 이중의 결속이 있으니, 하나는 경건의 결속bond of piety이고, 나머지는 자비의 결속bond of mercy이다. 참으로 영[영혼]이 육신보다 더욱 탁월하며, 육신의 선행the good of the body보다도 영의 선행the good of the soule이 더욱 간절한 것이므로, 영의 선행과 관련한 자비의 일들은 육신의 선행과 관련한 일들보다도 더욱 열심히 수행해야 하며, 그럼에도 불구하고 우리는 어느 것도 게을리 하지 말아야 한다. 이것들은 우리가 해야만 할 일들이며, 또한 내버려두어서는 안 되는 일들이다.

앞의 문답에서 윌리엄 구지는 사람이 두 부분, 곧 영과 몸[육체]로 구성되어 있음을 언급했는데, 특별히 그 둘이 서로 긴밀히 연계되어 있음에 주의를 기울여야 합니다. 사람이 질병에 시달리면 마음과 영혼까지도 빈핍하게 되는 것처럼, 혹은 사람의 영혼이 빈핍하면 사람의 육체에도 질병이 생기기 쉬운 것처럼 말입니다. 요 5:5절에 나오는 "서른여덟 해 된 병자"는, 14절의 "보라 네가 나았으니 더 심한 것이 생기지 않게 다시는 죄를 범하지 말라."고 하는 주님의 말씀으로 보아, 바로 후자에 해당하는 병자였을 것으로 짐작이 됩니다. 그러므로 사람은 육체의 필요를 공급하는 자비만이 아니라 영혼의 필요를 채우는 자비가 요구되는 것입니다.

◆ 고전 12:1절에서 사도 바울은 고린도에 있는 그리스도인 형제들에게 무엇을 원하노라고 말했습니까? [149)

헬라어 '프뉴마'는 '영' spirit을 의미하는 단어로서, "신령한 것"이란 말은 영적인 것을 가리키는 말입니다. 그런데 영적인 것에 대해서는 특히 신약성경의 시대에 여러 철학자들과 종교인들의 주된 관심사이기도 했으며, 그런 만큼 수많은 오류와 우상 숭배의 악습이 팽배하기도 했었습니다. 즉 그들은 영적인 것에 관심을 가졌으나, 영적인 것에 대한 바른 지식을 결여하고 있었던 것입니다.

◆ 행 20:35절에서 사도 바울이 설교를 통해 언급한바 "모본"(친히 보여주어 행한바)은 어떤 것입니까? [150)

◆ 눅 24:38-39절은 예수께서 친히 보이신 어떤 모범을 언급하여 기록하고 있습니까? [151)

◆ 위의 주님의 모범은 어떤 날에 있었던 일입니까? 152)

예수님의 행적들을 자세히 살펴볼 때에, 특히 성전이나 회당에서의 일들을 기록한 본문들의 경우에는 대부분 안식일에 모이던 관습을 따른 것이 많으며, 또한 부활하신 이후의 행적들 가운데 상당부분이 안식 후 첫날, 곧 주일에 해당하는 때에 이뤄진 일들을 기록하고 있는 것을 볼 수 있습니다. 특히 부활하신 이후, 곧 안식 후 첫날의 주님의 행적들은 주일에 마땅히 행할 바에 관한 유익한 모범들로서 기록되어 있음을 볼 수가 있습니다.

◆ 요 11:19절에 기록하고 있는 자비의 일은 무엇입니까? 153)

◆ 마 22:29절에 기록하고 있는 자비의 일은 무엇입니까? 154)

◆ 막 8:33절의 예수께서 베드로를 꾸짖으시는 내용이 자비의 일에
   포함되는 근거는 무엇이겠습니까? 155)

안식일이나 주일에 관계된 규례들은 모두 사람의 일상적인 일들,

곧 사람의 일(혹은 육체의 일)을 멈추고 하나님의 일(혹은 영적인 일)들을 행하도록 하는 것입니다. 특별히 예수 그리스도나 그의 제자들인 사도들이 보여준 모범들은 대부분 영적인 유익을 위한 것들임을 볼 수가 있는데, 고후 1:24절에서 사도 바울은 그러한 태도에 관련하여 언급하기를 "우리가 너희 믿음을 주관하려는 것이 아니요 오직 너희 기쁨을 돕는 자가 되려 함이니"라고 한 것을 볼 수 있습니다. 즉 사도들이 그리스도인들에게 바라는 사역의 의도는 그들의 영적인 기쁨과 유익에 주안점이 있는 것이지요.[59] 그러므로 특별히 영적인 안식과 관련하여, 주의 날에 합당한 자비에 속하는 의무는 영적인 유익을 위하여서 위로하고, 가르치며, 책망하고, 권면하여 바르게 서도록 돕는 일체의 일들이라 하겠습니다.

◆ 이 문답에서 언급하는 일들이 어떠한 이유로 경건의 일들 가운데 하나일 뿐 아니라 자비에 속한 일들이기도 하다고 했습니까? [156]

고후 1:12절에서 사도 바울은 이르기를 "우리가 세상에서 특별히 너희에게 대하여 하나님의 거룩함과 진실함으로 행하되 육체의 지혜

---

59) 이러한 유익과 관련하여 롬 15:1-2절에서 사도 바울은 기록하기를, "우리는 마땅히 믿음이 약한 자의 약점을 담당하고 자기를 기쁘게 하지 아니할 것이라"고 하면서, 또한 이르기를 "우리 각 사람이 이웃을 기쁘게 하되 선을 이루고 덕을 세우도록 할지니라."고 했습니다.

로 하지 아니하고 하나님의 은혜로 행함"이라고 했습니다. 즉 그들의 사역을 이루는 수단에 있어서 육신적인 지혜가 아니라 영적인 하나님의 지혜로 행했다는 것입니다. 그런즉 그 일들은 얼핏 경건에 일인 것으로 볼 수 있겠지만, 특별히 그 지향하는 바가 형제들의 영적인 필요들을 채우며 보완하고 지도하는 목적이라는 점에서 더욱 '자비의 일'에 속함을 알 수가 있습니다. 이러한 자비의 일들은 주일에 마땅히 행할 자비의 의무인 것이지요.

◆ 이 문답에서 구지W. Gouge가 주일에 이 모든 일들을 수행함에 있어, 우리를 묶는 이중의 결속으로 언급한 것은 무엇과 무엇입니까? 157)

앞서 살펴본 경건의 의무들은 주로 예배당에서와 각자의 가정이나 혹은 정해진 어떤 사적인 장소에서 수행할 수 있는 경건의 의무들을 다루고 있습니다. 그 뿐만 아니라 주일에 행할 수 있는 자비의 일들 가운데서 또한 우리들은 주일에 합당한 경건의 의무들을 수행할 수가 있습니다. 그런데 경건에 관련된 일들이 '의무'Duty로서 주어지는데 반해, 자비와 관련된 일들은 '일'work로 구별되고 있는 것을 볼 수가 있습니다. 즉 경건에 관련된 일들은 의무적인 것인데 반해, 자비와 관련된 일들은 필요를 따라 수행할 보조적인 일인 것입니다. 그러나 경건의 의무에 비해 자비의 일이 중요하지 않아서 그렇게 구별하고 있는 것이 아닙니다. 오히려 경건의 의무에 충실한 가운데 자연스럽게 자비의 일에 대한 열심 또한 흘러나오는 것이기에, 구지는 이를 가리켜서 "이중의 결속"a double bond이라고 표현한 것입니다. 즉 신자들의 자비의 일들은, 신자들의 경건의 의무에 긴밀히 연계[결속]되어 있는 것이지요.

◆ 이 문답에서 구지가 자비의 일들에 있어 구별하는 두 가지 선행 the good은 무엇과 무엇입니까? 158)

앞서 이 문답들에서 언급하고 있는 '경건의 의무'와 '자비의 일들'은 대부분 사람의 '영' soul에 대한 것들이었습니다. 즉 사람의 영혼에 필요한 것들을 공급하는 데에 주안점을 두고 있는 것이지요.

◆ 이 문답에서 구지(W. Gouge)는 '영[영혼]의 선행' the good of the soule과 '육신의 선행' the good of the body의 관계에 대하여 어떻게 설명하고 있습니까? 159)

이 문답의 설명에 관한 서두에서 윌리엄 구지는 사람이 두 부분, 곧 영과 몸[육체]로 구성되어 있음을 언급했는데, 특별히 그 둘이 서로 긴밀히 연계되어 있음에 주의를 기울여야 한다고 했습니다. 바로 그러한 맥락으로 구지는 경건과 자비의 결속을 긴밀히 연계하며, 또한 영

[영혼]과 육신의 선행을 긴밀히 연계하여 설명하고 있습니다. 그러므로 그 두 구별에 우선순위가 있다고 하더라도 그것은 차등이나 차별의 순서가 아니며, 어느 것 하나도 게을리 할 수 없는 연계를 이루고 있는 것입니다. 한마디로 그 두 가지가 모두 우리가 해야만 할 일들일 뿐만 아니라 또한 어느 것도 내버려두어서도 안 되는 일들인 것입니다. 따라서 "앞서 언급한 공적, 사적, 그리고 은밀한 경건의 모든 의무들을 행하고자 하는 사람이라면 누구나, 잠자리에서 일어나서부터 다시 누울 때까지 시간이 그리 많지 않다는 것을 알 수 있을 것이다."[60]라고 한 문구가 사실로서 여기서도 분명하게 확인되는 것입니다.

---

60) 경건의 은밀한 의무에 관한 문답의 설명부분.

질문19 : 육신the body에 관한 자비의 일들은 무엇입니까?

대답19 : 첫째로, 병자와 다른 방식들로 자유가 억제된 자들을 방문하는 것입니다. (막 1:29-30, 마 25:36)

둘째로, 가난한 자들이 필요한 것으로 구제하는 것입니다. (사 58:7, 고전 16:2, 마 25:35-36)

셋째로, 위험에 빠진 자들을 위험에서 건져내는 것입니다. (마 12:11, 눅 13:16)

넷째로, 다른 모든 적절한 도움을 제공하는 것입니다. (마 12:1, 4절)

앞서 말한 경건한 의무들 가운데 어느 것도 그들을 위해서 게을리 할 수가 없는 것임과 마찬가지로, 이것들[이 문답의 의무들]도 그렇게 규정될 수 있다. 만일에 그리스도인들이 어떤 적절한 시간에 일어난다며, 오전에 그들이 교회에 가기 이전에 그들은 경건의 은밀한 의무와 사적인 의무들을 수행할 것이다. 그리고 만일 그들이 점심에 시간을 너무 많이 사용하지 않는다면, 그들은 오후에 교회에 가는 시간 전에 그 같은 의무들을 수행할 수 있을 것이다. 또한 그들이 교회당에서의 공적 예배를 마치고 돌아왔을 때에, 사적인 경건의 의무와 같은 것들을 행하기 전, 혹은 후에, 그들은 앞서 언급한 자비의 일들에 해당하는 어떤 일들, 그리고 육신에 관련된 일들을 행할 수 있을 것이다. 만일에 그것들이 경건의 일들을 수행하는데 방해가 되는 것으로 판명된다면, 그러한 것들은 허용되는 일들에 속하는 것으로 보며, 이후에 명확하게 규정하도록 한다.

이 문답에 대한 후반부의 설명문 가운데서 구지는 먼저 주일을 거룩히 함에 관한 중요한 한 부분을 언급하고 있는데, 그것은 주일에 예배당에 공적 예배를 행하기 위해 출발하기 전에 행할 경건의 사적인 의무들과 은밀한 의무들을 행하도록 설명하고 있습니다. 이 부분은 많은 현대의 장로교인들이 실천하지 못하는 부분으로, 이러한 경건의 의무들을 통해 공적인 경건의 의무인 예배당에서의 예배를 비롯한 일련의 일들이 준비될 수 있으며, 그리고 이러한 경건의 의무의 연계(은밀한-사적인-공적인 경건의 의무들의 연계) 가운데서 비로소 자비의 일들에 관한 예비와 열심 또한 고양될 수가 있는 것입니다.

◆ 막 1:29-31절에서 안식일에 가버나움 회당에서 나오신 예수님과 일행들이 행한 자비의 일은 무엇이었습니까? [160]

◆ 고전 16:2절에서 사도 바울이 "매 주일 첫날에" 저축하도록 한
  것은 무엇을 위한 것이었습니까? [161]

◆ 눅 13:15절에서 주님은 안식일이라도 행할 것으로서 어떠한 일
  을 언급합니까? [162]

◆ 눅 13:16절에서 주님은 안식일이라도 행할 것으로 또 어떠한 일
  을 언급합니까? [163]

    마 12:12절에서 주님은 이르시기를 "안식일에 선을 행하는 것이 옳
으니라."고 말씀하셨습니다. 즉 안식일이라도 선한 행실을 행하는 것
을 권장하신 것입니다. 그러므로 영에 관한 자비의 일들뿐만 아니라
육신에 관한 자비의 일에 있어서도 선행이 되는 행실은 주일에 마땅히
행할 바인 것을 알 수가 있습니다. 즉 영에 관한 선행뿐 아니라 육신에
관한 선행 모두에 있어, 경건의 의무로서 등한히 할 수 없는 행실인 것
이지요.

◆ 마 12:11절에서 주님은 안식일에 행하는 선행을 어떠한 성격으
  로 언급하셨습니까? [164]

◆ 마 12:1절에서 예수님의 제자들이 밀밭에서 이삭을 잘라 먹은 일은, 이 문답의 "만일에 그것들이 경건의 일들을 수행하는데 방해가 되는 것으로 판명된다면, 그러한 것들은 허용되는 일들에 속하는 것으로 보며, 이후에 명확하게 규정하도록 한다."는 문구와 어떻게 연계되는지 토의해 보도록 합니다.

이 문답에서 알 수 있듯이, 육체와 관계된 자비의 일은 주일에 행해야 할 필수적인 의무는 아닐지라도 주일에는 피해야 하는 부수적인 일로만 취급될 수도 없음을 분명히 알 수가 있습니다. 즉 "사적인 경건의 의무와 같은 것들을 행하기 전, 혹은 후에" 이러한 일들을 마땅히 수행하는 것도 주일을 거룩하게 성수하는 일에 해당하는 것입니다. 특별히 긴급을 요하는 일을 처리하는 것이 선한 일(첫째~넷째에 해당하는 일들)이라고 할 때에는, 이를 긴급히 수행하는 것이 오히려 경건의 의무를 수행하는 데에 방해를 초래하지 않는 것임을 이 문답은 교훈하고 있습니다.

질문20 : 자비와 경건의 의무들은 다른 날들에도 마찬가지로 행해야 하지 않습니까?

대답20 : 그렇습니다. (행 2:46, 딤후 4:2, 살전 5:17-18, 잠 3:28) 하나님께서는 언제나 동일하신 하나님이시며, 또한 그는 응답하실 수 있는 분으로 알려졌으므로, 그 증거로서 하나님께 대한 예배를 매일 행해야 한다. 율법 아래에서 사람들은 매일 아침과 저녁으로 희생 제사를 드렸다(출 29:38-39). 하나님께 대한 경건의 의무로서 우리의 세속적인 일들은 거룩하게 되고 원숙하게 된다. 그러므로 사람들은 매일 [하나님께 대한 예배를] 행해야 한다. 그리고 매일 어떤 사람들이나 다른 이들에게 자비의 일이 필요하기 때문에, 우리는 할 수 있는 한 최대로 제공할 수 있도록 매일 준비되어야 한다. 자비를 보여주기 위한 규칙들은 특별히 세 가지 것들이다.

첫째로, 우리 형제들의 필요성.

둘째로, 우리 자신의 재능.

셋째로, 하나님의 기회로서, 그것은 하나님의 섭리에 의해 우리에게 제공되는 기회를 가리킨다. (눅 10:33-34, 요일 3:17)

"자비와 경건의 의무들"에 관해서 진술할 때에, 윌리엄 구지는 기본적으로 그 출발을 하나님께서 어떠한 분이신지에 바탕을 두고 있습니다. 즉 주의 날 외에도 자비와 경건의 의무들을 행해야 마땅하다는 것을 설명함에 있어서, "하나님께서 언제나 동일하신 하나님"이시라는 점에서부터 시작하고 있는 것입니다. 그러므로 주의 날 외에 다른 날들에도 하나님 앞에서 신자들은 자비와 경건의 의무들을 행하기를 힘써야 하는 것이니, 구지의 문답에서는 또한 "그 증거로서 하나님께 대한 예배를 매일 행해야 한다."고 했습니다.

그러나 우리들 시대의 신앙의 수준에서는 매일 하나님께 예배를 드려야 한다는 것이 큰 부담으로 다가올 것입니다. 왜냐하면 주의 날 외에 다른 날들은 우리의 일상들로 매우 분주하기 때문인데, 그런 주중에 경건과 자비의 의무를 수행한다는 것이 매우 부담스러운 지경인 것입니다. 하지만 신 8:3절 말씀은 광야의 백성들에 대해 "너를 낮추시며 너를 주리게 하시며 또 너도 알지 못하며 네 조상들도 알지 못하던 만나를 네게 먹이신 것은 사람이 떡으로만 사는 것이 아니요 여호와의 입에서 나오는 모든 말씀으로 사는 줄을 네가 알게 하려 하심이니라."고 했는데, 이는 마 4:4절에서 "네가 만일 하나님의 아들이어든 명하여 이 돌들로 떡덩이가 되게 하라."는 사단의 시험에 대해 "기록되었으되 사람이 떡으로만 살 것이 아니요 하나님의 입으로부터 나오는 모든 말씀으로 살 것이라 하였느니라."는 말씀으로 대적하신 예수님을 통해 인용된바 있습니다. 이러한 말씀 가운데서 우리들은 사람의 사는 것이 떡을 얻기 위한 이 땅에서의 일상들로서가 아니라, 하나님 앞에서 마땅히 행할 경건과 자비의 의무를 통해 웨스트민스터 소교리문답 제1문답과 같이 "하나님을 영화롭게 하며 그를 영원토록 즐거워하는 것"으로서 살아가야 함을 확인할 수가 있습니다. 그러므로 구약시대에 이스라엘 백성들은 실제로 "율법 아래"의 사람들로서 "매일 아침과 저녁으로 희생 제사를" 드리어 이를 실천했었던 것입니다.

◆ 당신과 당신의 가정은 매일 하나님 앞에서 경건의 의무로서 예배를 드리고 있습니까?

◆ 당신과 당신의 가정이 매일 하나님 앞에서 경건의 의무로서 예배를 드리지 못하는 가장 큰 이유는 무엇입니까?

◆ 매일 하나님 앞에서 경건의 의무로서 예배를 드리지 못함으로 말미암아 발생하는 가장 큰 문제는 무엇입니까? 혹은 반대로 매일 경건의 의무를 수행함으로 얻는 유익은 무엇입니까?

참된 기독교 신앙은 억지로 강요될 수 있는 것이 아닙니다. "모든 물건을 서로 통용하고 자기 재물을 조금이라도 자기 것이라 하는 이가 하나도 없"었을 만큼 "한 마음과 한 뜻이 되"는 것은, 모든 신자들의 공동체인 교회들이 항상 바라는 바이지만, 그러한 모습을 구현하는 것은 성령의 부음이 없이는 불가능한 것입니다. 마찬가지로 경건의 의무와 자비의 의무를 주의 날만이 아니라 매일 한결같이 행하는 것 또한 성령의 부음을 받은 참된 신자들이 아니고서는 결코 흉내내기 어려운 것입니다. 그러므로 매일 사단은 신자들에게 게으름과 핑계의 돌들을 주어서 그것으로 매일 먹는 떡덩이를 위하도록 시험하는 것이지요.

◆ 자비를 보여주기 위한 규칙들 가운데, "형제들의 필요"란 무엇을 의미하는 것일까요? [165)

◆ "우리 자신의 재능"이란 무엇을 의미하는 말입니까? [166)

◆ 눅 10:33-34절 말씀에 드러나는 하나님의 섭리와 기회에 관해 설명해 보시기 바랍니다. [167)

눅 10:33절로 34절에 기록된 자비를 베푼 선한 사마리아 사람의 이야기는, 이 문답에서 언급하는 "자비를 보여주기 위한 규칙들"이 각각 별개로서가 아니라 하나의 상황에 유기적으로 적용될 수 있는 규칙들로서 기록되어 있음을 알게 합니다. 즉 하나님의 섭리와 그에 따른 기회, 그리고 자신에게 있는 재능[혹은 은사]이 유기적으로 적용되어 선행을 이루고 있는 것입니다. 사실 우리의 형제들의 필요와 그들에게 도움이 되는 우리 자신의 능력이 유기적으로 어우러지는 경우는 생각보다 많지 않습니다. 더욱이 그 때를 하나님께서 허락하신 기회로 인식하는 것은 그야말로 하나님의 섭리로서 이뤄지는 일이니, 우리들은 그러한 때에 요일 3:17절의 "누가 이 세상의 재물을 가지고 형제의 궁핍함을 보고도 도와 줄 마음을 닫으면 하나님의 사랑이 어찌 그 속에 거하겠느냐."는 말씀을 유념해야 할 것입니다. 그 모든 요소들이 유기적으로 어우러지는 때야말로 하나님의 섭리 가운데서 자비의 의무를 행할 수 있는 적절한 때[기회]인 것입니다.

질문21 : 안식일에 경건의 일들을 행하는 것, 그리고 다른 날들에 행하는 것 사이의 차이점은 어디에 있을까요?

대답21 : 안식일에 행하는 것들이 고기라면, 다른 날들에 행하는 것은 소스입니다. (민 28:9-10)

우리는 고기로 우리의 배를 채웁니다. 그리고 우리가 먹을 수 있는 양만큼을 먹되(나는 폭식을 위해서가 아니라 건강을 위해 먹는 것에 관해 말하는 것이다) 고기의 맛을 잃어버리지 않을 정도로 구미가 당길 만큼 약간의 소스와 함께 먹는것입니다. 이처럼 안식일에 우리들은 형편에 따라서 할 수 있는 한 많은 경건의 의무들을 수행해야 합니다. 은밀한 의무들에 대해서는 사적인 의무에 더하여 행해야 하며, 은밀하고 사적인 것들만 아니라 공적인 의무들도 더하여서 행해야 합니다. 안식일의 중요한 부분이 바로 이러한 일들을 위해 사용되어야 하는 것입니다. 그러나 다른 날들에는, 경건에 속하는 은밀하고 사적인 의무들을 아침저녁으로 우리가 부름을 받은 일들에 치중하여 행함으로써 거룩케 하도록 하며, 죄의 용서와 도우심, 그리고 축복을 간절히 구하고, 아울러 하나님을 찬양하고 하나님의 말씀으로 지도를 받는 것으로 충분합니다. 이러한 목적으로 성경의 어떤 부분을 읽기도 하는데, 가능하다면 주중에도 설교를 들을 수 있는 기회를 가질 수 있습니다. 그렇지만 매 엿새 동안의 대부분은 우리가 부름을 받은 일들을 위해 사

용됩니다. (출 20:9)[61]

경건의 의무를 수행하는 것이 신자들에게 참된 기쁨과 거룩의 원천이 되는 것이라고 한다면, 당연히 그러한 경건의 의무들은 안식일로서의 주일뿐 아니라 주중의 모든 날들 가운데서도 요구되며 필요한 것임을 알 수 있을 것입니다. 즉 이 문답들의 가장 첫 문답에서 살펴본바 안식일은 의식적ceremonial인 것이 아니라 도덕적moral인 것으로 간주되며, 그런 만큼 "모든 시대에, 모든 장소의, 모든 사람들을 (삶의 규칙으로서) 묶는 것"이기 때문에, 넓은 의미에서 주일 뿐 아니라 주중의 모든 삶 가운데서도 그러한 의무의 수행이 마땅히 요구되는 것입니다.

그러나 안식일로서의 주일에 경건의 일들을 행하는 것과 다른 날들에 경건의 일들을 행하는 것 사이에는 분명한 차이가 있습니다. '안식일'이 분명히 구별되어 제정되었던 것에서 알 수 있듯이, 다른 날들과 안식일로서의 주일 사이에는 분명한 구별이 있는 것이지요.

◆ 민 28:3절에서 규정하고 있는 '상번제' regular burnt offering의 규정은 무엇입니까? [168]

---

61) 영어 본문에는 6절로 표기되어 있으나, "나를 사랑하고 내 계명을 지키는 자에게는 천 대까지 은혜를 베푸느니라."고 한 구절의 내용이 이 문답의 전체적인 문맥과 맞지 않는다. 6절은 분명 우상숭배를 금하는 계명과 연관되며 오히려 8–11절에서 안식일에 관해 언급하고 있는데, 특별히 9절이 문답의 전체적인 문맥에 부합하기에 9절로 변경했다.

◆ 민 28:4절에 따르면, 상번제는 매일 어느 때에 드리도록 규정되었습니까? [169]

구약시대의 '상번제'는 매일 드리는 화제offering by fire를 일컫습니다. 광야에서 이스라엘 백성들에게는 매일 드리는 화제야말로 일상적인 경건의 일[의무]로서 중요한 의미를 지니는 것이었습니다. 마찬가지로 신자들이 매일 은밀하고 사적[개인적]인 경건의 의무를 수행하는 것과, 더욱 공적으로[온 가족이 모이거나 회중으로] 수행하는 경건의 의무들로서 그러한 신앙의 맥락을 계승하고 있는 것입니다.

◆ 민 28:9절에서는 안식일에 행할 제사의 규정으로서 어떠한 것들을 언급하고 있습니까? [170]

◆ 민 28:10절은 "상번제"와 "매 안식일의 번제"가 각기 구별되어 시행하는 것임을 말합니까? [171]

민 28:9-10절에 관한 박윤선 박사의 주석은 "이 말씀을 보면 안식일에는 다른 날의 배[갑절]를 드린 것이다."고 하면서, "이것은 무의미한 것이 아니다. 안식일에는 다른 날보다 하나님께 예배하기를 더욱 힘쓰라는 것이다. 인간의 경건 생활에 있어서 보통으로 힘쓰는 것도 필요하지만 보통 이상으로 강조하는 때도 있어야 된다. 이렇게 강조하는 때가 없으면 보통으로 힘쓰는 것도 지속되기 어렵다."고 한 것을 볼 수 있습니다. 즉 육일 동안에도 예배하기를 힘쓰되 특별히 안식일로서의 주일에 있어서는 더욱더 예배에 힘씀으로서, 경건의 유익을 더욱 배가할 수가 있다는 것입니다.

그런데 윌리엄 구지는 이 문답에서 육일의 일상과 안식일로서의 주일의 구별에 관해, "안식일에 행하는 것들이 고기라면, 다른 날들에 행하는 것은 소스"라고 하는 독특하고도 탁월한 비유로 설명하고 있는 것을 볼 수가 있습니다. 박윤선 박사가 "인간의 경건 생활에 있어서 보통으로 힘쓰는 것도 필요하지만 보통 이상으로 강조하는 때도 있어야 된다. 이렇게 강조하는 때가 없으면 보통으로 힘쓰는 것도 지속되기 어렵다."고 설명한 것과 유사하게, 당시 사람들이 양식으로 먹던 고기와 그에 곁들여지는 소스sauce를 사용하여 주중의 경건의 의무와 안식일로서의 주일의 경건의 의무가 어떻게 구별되는지를 비유하고 있습니다.

◆ 출 20:9절에서 "엿새 동안은 힘써 네 모든 일을 행할 것"이라고 한 것은, 엿새 동안에는 주일과 달리 일상적인 생업에만 전념하라는 말씀입니까? [172)

민 28:1-8절에서 언급하고 있는 상번제의 규례들에서 알 수 있듯이, 하나님의 백성들은 아침저녁으로 매일 경건의 일에 힘썼습니다. 마찬가지로 민 28:9-10절에서는 안식일에 갑절의 제물을 가지고서 번제를 드림으로 더욱 경건의 일에 힘썼음을 볼 수가 있습니다. 그러므로 육일의 일상 가운데서 신자들은 자신에게 맡겨진 소명의 일에 힘쓰는 것과 아울러서, 더욱 경건의 일로서 아침과 저녁에 경건의 일(예배)에도 힘쓰는 생활을 해야 마땅함을 알 수가 있습니다.

◆ 이러한 말씀들과 문답의 문맥 가운데서 볼 때에, 오늘날 우리 사회의 주5일제의 문화를 어떻게 바라보아야 하겠습니까? [173)]

◆ 이러한 말씀들과 문답의 문맥 가운데서 볼 때에, 신자들이 육일의 일들을 수행하는데 있어 힘과 도움을 얻는 것은 무엇으로 말미암는 것입니까? [174)]

주5일제의 시행과 더불어서 사람들은 그야말로 오락과 여가를 통해 일상의 원동력을 얻는 생활을 하고 있습니다. 그리고 그러한 생활은 기독교인 신자들에게도 고스란히 영향을 미치어, 신자들도 더욱 오락과 여가를 누리기에 좋아진 가운데 있다 하겠습니다.

대부분의 사람들이 오락과 여가를 즐기는 것은, 소위 일상의 스트레스를 해소할 수 있기 때문입니다. 육일이 아닌 오일 동안의 일상을 감당할 수 있는 원동력이 이틀 동안의 오락과 여가를 통해 채워진다고 생각하는 것입니다. 반면에 그리스도인들의 생활은 이 문답에서 알 수 있듯이, 경건의 일(예배) 가운데서 유익을 얻는 생활입니다. 특별히 일상의 직업에 있어서도 그리스도인들은 하나님의 소명(부르심)에 바탕을 두고 있기 때문에, 경건의 의무를 수행하는 것은 그러한 소명을 고취하는 데에 필수적이며 중요함을 알 수가 있습니다. 그러므로 주5일제의 시행 가운데서 우리들이 주의해야 할 것은, 주일 전에 있는 한 날은 여가와 오락을 누리기에 적당한 날이 아니라 주일을 준비하는데 더욱 유익하도록 사용해야 마땅하다는 점입니다. 더욱이 주중에 행하는 경건의 일 가운데, 앞서 20문답에서 다룬 "자비의 의무"를 수행하는데 힘쓸 수 있다면 더욱 좋을 것입니다.

사실 그리스도인의 삶이란, 참으로 그리스도인이 된 사람들이 아니고서는 결코 선호할만한 삶이 아닙니다. 신 8:2절 말씀은 광야의 백성들에 대해 이르기를 "네 하나님 여호와께서 이 사십 년 동안에 네게 광야 길을 걷게 하신 것을 기억하라"고 하며 더욱 이르기를, "이는 너를 낮추시며 너를 시험하사 네 마음이 어떠한지 그 명령을 지키는지 지키지 않는지 알려 하심이라."고 했으니, 참된 그리스도인의 삶이란, 자신을 낮추고 이 땅의 삶을 나그네와 같이 살아갈 수 있는 자로서의 삶인 것입니다. 더욱이 이어지는 3절 말씀은 "너를 낮추시며 너를 주리게 하시며 또 너도 알지 못하며 네 조상들도 알지 못하던 만나를 네게 먹이신 것은 사람이 떡으로만 사는 것이 아니요 여호와의 입에서 나오는 모든 말씀으로 사는 줄을 네가 알게 하려 하심이니라."고 했으니, 그리스도인들의 삶이란 경건의 의무(예배)들 가운데서 하나님의 말씀의 유익을 얻어, 그로 말미암아 사는 삶인 것입니다. 그리고 그것이야말로 예배의 삶, 혹은 삶의 예배라 하겠습니다.

◆ "은밀한 의무들에 대해서는 사적인 의무에 더하여 행해야 하며, 은밀하고 사적인 것들만 아니라 공적인 의무들도 더하여서 행해야 한다."고 한 설명 가운데서 볼 때에, 오늘날의 새벽 기도회나 수요예배 등을 어떻게 바라볼 수 있을까요? [175]

◆ 이 문답에서 설명하는 육일의 생활 가운데서 행할 경건의 일(예배)에 관한 모범(예배의 틀 혹은 요소)은 어떤 것입니까? [176]

◆ 육일의 생활 가운데서 행하는 경건의 예배에 있어서, "하나님의 말씀으로 지도를 받는 것"은 어떤 식으로 행할 수 있습니까? [177]

종교개혁으로서의 설교는 하나님의 말씀으로서의 성경에 최대한 중점을 두는 방식으로서의 설교입니다. 그러므로 종교개혁자들의 설교는 항상 성경본문을 강해exposition하는 것이었는데, 이는 곧 성경본문 자체에 집중하도록 하는 것이 설교와 예배의 중심이라는 사실을 깨닫게 합니다. 따라서 개인적으로 은밀하게, 혹은 가정에서 사적으로 드리는 예배에서 성경을 읽는 것으로도 예배에 있어서의 중요한 가르침과 유익을 얻을 수가 있는 것입니다. 주일에 회중가운데서 행하는 공적인 예배에서의 '성경 봉독' 또한 그러한 의미를 담고 있는 것이지요.

질문22 : 안식일에 자비의 일들을 행하는 것, 그리고 다른 날들에 행하는 것 사이의 차이는 어떤 점에 있을까요?

대답22 : 자비의 일들을 위한 기회를 안식일에 찾아야 하며, 다른 날들에는 맡아두어야 합니다. [62] (고전 16:2)

누군가의 자비의 일을 행함에 있어 (적어도 우리가 할 수 있는 경우임에도) 안식일에는 그저 우리의 생각에 그쳐버리도록 해서는 안 된다. 우리가 경건의 의무로부터, 그리고 우리의 몸을 합당히 쉬는 것으로부터 벗어난 그 때를 자비의 일에 사용해야 한다. 이를 위해 우리가 병자나, 갇힌 자, 혹은 다른 어떤 이유로 자유의 제한을 당한 자, 불쌍한 자 혹은 가난한 자에 대해 관심을 기울이고 보살피는 것이 절대적으로 필요하다. 만일 우리가 그런 자들에 대해 잘 모르고 있다면, 그들에게 묻고, 그들을 방문하며, 위로하고 안심시키기 위해 찾아가도록 한다. [바울]사도가 매주 첫날(그 날은 주일이다)에 어떤 것을 모아두도록 한 것은, 그 날이 우리에게 주어진 자비의 일들을 행하기에 적절할 뿐 아니라 다른 때들을

---

62) "opportunities for works of mercy, are to be sought on the sabbath, and taken on other days."

위해 예비하기에도 매우 적절한 날이었음을 암시한 것이다.

만일 모든 성도들이 매 주일에 하나님께서 그를 번창하게 하셨을 때에, 가난한 자들을 도와주기 위해 무엇인가 따로 모아둔다면, 분명 그로부터 더 큰 선을 행하게 될 것이다. 그런즉 그들은 더욱 드리고자 할 것이고, 그처럼 드리고자 할 준비가 되어 있을 것이며(그들이 자원하여 남을 돕고자 하는 용도로 따로 구별해 놓은 것들은 거룩히 구별해 놓은 것으로, 그들의 양심에는 그 구별하여 모아 둔 것을 다른 어떤 방편으로 사용하고자 하는 것이 하나님을 모독하는 것으로 여길 것이다), 그러므로 더욱 기쁘게 드리게 될 것인데, 왜냐하면 그들이 드리고자 하는 것이 미리 준비되어 있기 때문이다. 따라서 다른 날들에 행한 그들의 자비는 안식일을 위한 일이 될 것인데, 왜냐하면 그것은 안식일을 위해 따로 구별하여 둔 것에 포함되기 때문이다. 만일 그들의 하루의 노동으로 살아가는 가난한 자나, 혹은 품삯으로 사는 종들이 매 주일에 이러한 목적을 위해 동전pence이나 표token들을 모아 놓는다면, 그들은 어떤 신용상의 피해를 입지 않고 그들 스스로 가난한 자들을 위한 기금a stock을 모아둘 수 있을 것이니, 만일에 부자들이 그들에게 베푸신 하나님의 은총을 따라 그렇게 할 것 같으면, 가난한 자들을 위해 얼마나 많은 비축물들stoare이 모아지겠는가?

안식의 날로서의 주일에 행하는 의무 가운데에는 '경건의 의무'duty of pirty뿐 아니라 '자비의 의무'duty of mercy도 있음을 이미 살펴본바 있습니다. 주일에 예배당에 함께 모인 회중 가운데서 주로 수행하는 경건의 의무뿐만 아니라 예배당을 떠난 시간에, 혹은 개인적으로나 사적으로 경건의 시간을 보내는 이외의 시간을 통해 수행하는 자비의 의무 또한 주일에 합당한 일을 행하는 모습인 것입니다.

그런데 앞서 경건의 의무 혹은 경건의 일을 행하는 것이 안식일에 한정되지 않으며 오히려 주중의 생활 가운데서도 경건에 있어서의 '은밀한 의무'secret duty와 '사적인 의무'private duty, 뿐만 아니라 '공적인 의무'publick duty에 해당하는 일도 수행함이 마땅했었던 것처럼, 자비의 의무에 있어서도 안식일에만 한정되지 않으며 오히려 주중의 생활에까지 연계되는 것임을 이 문답은 전제하고 있습니다.

◆ 고전 16:1절에서 말하는 "성도를 위한 연보"란 구체적으로 무엇을 말하는 것일까요? [178]

◆ 고전 16:2절에서 사도 바울은 어느 때에 "각 사람이 수입에 따라 [연보를] 모아 두도록" 했습니까? [179]

◆ "각 사람이 수입에 따라 모아 두도록" 하라는 사도의 말은 어떤 의미입니까? [180]

◆ "내가 갈 때에 연보를 하지 않게 하라"는 사도의 말은 또한 어떤 의미의 말입니까? [181]

행 20:7절은 기록하기를 "그 주간의 첫날에 우리가 떡을 떼려 하여 모였더니"라고 했습니다. 여기서 떡을 뗀다는 말은 '성찬'eucharistia을 의미합니다. 그리고 성찬은 예배 가운데 시행되는 것으로서 "모였더니"라는 말은, 예배의 회중으로 모였음을 표현하는 말입니다. 따라서 주후 1세기로부터 이미 주중 첫날에 모여 예배를 드렸음을 볼 수 있으며, 그 때에 주중의 소득 가운데 일부[십일조에 해당]를 예비하였다가 예배 때에 연보를 했었습니다.

앞서 21번째 문답에서 구지는 안식일로서의 주일에 행하는 경건의 일들과 주중 다른 날들에 행하는 경건의 일들 사이의 차이가 고기와 소스의 차이와 같다고 했는데, 자비[구제]의 일들에 있어서도 마찬가지로 안식일로서의 주일에 행하는 자비의 일의 기회를 위하여서 예비하거나 준비하는 성격이었음을 마찬가지 맥락으로 구지는 설명하고 있습니다. 그리고 이는 구지의 창안이 아니라 성경을 통해 파악하게 되는 것임을 고전 16:1-2절의 말씀 가운데서 여실히 살펴볼 수가 있습니다.

◆ 이 문답에서 "자비의 일들을 위한 기회를 안식일에 찾"는데 있어, 필수적으로 중요한 것이 무엇이라고 설명하고 있습니까? [182]

◆ 이 문답에서 "자비의 일들을 위한 기회를 안식일에 찾"는데 있어, 필수적으로 중요한 그 일들은 구체적으로 어떤 것입니까? [183]

◆ 이 문답에 따르면 자비의 일들을 위해 예비한 것[연보]들은 교회에서 다른 일들의 용도를 위해 전용할 수도 있습니까? [184]

◆ 이 문답에서, 주중에 행하는 자비의 일이 안식일로서의 주일의 자비의 일이 되도록 하는 방법은 무엇입니까? [185]

앞서 21번째 문답에서 언급한 것처럼 "매 엿새 동안의 대부분은 우리가 부름을 받은 일들을 위해 사용"될 것이기 때문에, 따로 시간을 내어 자비의 의무를 수행하기는 쉽지 않을 것입니다. 즉 주중의 일상적인 일들과 생활 가운데서 따로 시간을 내어 "병자나, 갇힌 자, 혹은 다른 어떤 이유로 자유의 제한을 당한 자, 불쌍한 자 혹은 가난한 자에 대해 관심을 기울이고 보살피는 것"은 쉽지 않은 일인 것입니다. 그러나 이 문답에 제시하는바, 무엇보다 고전 16:2절에서 사도 바울이 언급하는 바와 같이 행함을 통해서, 우리들은 주중에 수동적으로라도 그러한 자비의 일들을 수행하는 것과 같이 생활할 수가 있는 것입니다. 이러한 연보의 의미를 잘 알지 못하는 현대의 많은 신자들이, 십일조 tithing를 행하는 것이 구약시대의 의식법ceremonial law을 따르는 해묵은 관습이라고 오해하기도 하지만, 오히려 주중에 십일조 연보를 예비하는 생활을 통해서 자비의 일들을 주중에 수행할 수 있는 것이라는 사실을 이해한다면 결코 십일조 연보를 간과하지 못할 것입니다. 아울러 교회에서 제정을 취합하고 집행하는 집사deacon 혹은 lay deacon들의 직무에 있어서, 구제 등 자비의 일들을 위한 연보를 잘 구별하여 취합하고 집행하는 것을 통해, 혹여 성도들이 자원하여 남을 돕고자 하는 용도로 따로 거룩히 구별하여 모아 둔 것을 다른 용도들에 사용하므로 말미암아 하나님을 모독하는 것으로 여겨지는 일이 없도록 유의해야 할 것입니다. 그러므로 헌금을 취합하고 집행하는 집사들은 정기적으로 당회session or church conference에 헌금에 대한 사항들을 보고하고 점검을 받는 등의 운용이 필요한 것입니다. 그렇게 하여 온 교회가 자비의 일들을 함께 직·간접적으로 수행하게 되는 것이지요.

◆ 가난하거나 빠듯한 생활 가운데 있는 성도들은 어떻게 함으로 주 중에도 자비의 의무들을 수행할 수 있습니까? [186)]

구약시대의 제물들을 보면, 살진 소나 양에서부터 곡식가루나 기름에 이르기까지, 심지어는 야생에서 잡을 수 있는 산비둘기로라도 제물을 삼을 수 있도록 함으로서 모든 백성들이 힘닿는 대로 모든 제사들을 수행할 수 있도록 한 것을 볼 수가 있습니다. 이 문답이 다루는바 모든 성도들이 공히 참여할 수 있는 자비의 일들은 바로 그와 같은 실제적인 예인 것입니다.

질문23 : 어떤 봉사의 일들이 안식일에 허락됩니까?

대답23 : 첫째로, 안식일의 일에 더욱 적합한 일들입니다. (마 12:3-5)

둘째로, 그것들에 지장을 주는 일들입니다. (마 12:11)

하나님께서 요구하시는 모든 것들에 있어서, 얼마든지 수행할 수 있도록 모든 수단들을 전부다 제공하시는 것이, 바로 하나님의 지혜다. 그와 더불어, 하나님께서는 우리를 위해 모든 것들을 제정하시고 명하시듯이, 우리를 다정하게 배려하신다. 우리의 선을 위해, 즉 우리 영혼의 영적인 교화를 위하여, 하나님께서는 먼저 안식일을 제정하셨다. 안식일은 사람을 위한 것이다(막 2:27). 그러므로 하나님께서 그것을 통해서 그리고 그것 가운데 예배와 영광을 받으시는 규례들은, 우리의 영혼을 교화하며 구원하는 수단이다.

그러나 하나님께서 우리의 영적 선을 그처럼 원하시기 때문에, 그의 날에 우리 육신의 일시적인 유익을 취하는 것을 도외시하지는 않으셨다. 그러므로 만일에 우리 육신이 현재의 도움이 필요한 상태에 있어서, 경건의 의무를 감당할 여력이 없다고 한다면, 하나님께서는 우리가 외적인 경건의 일들을 행하지 못하는 것을 용납하신다. 그리고 그렇게 하심

으로 구약성경의 선지자가 증거했으며(호 6:6), 그리스도
께서도 언젠가 다시 "내가 긍휼을 원하고 제사를 원하지 아
니하노라"(마 9:13, 12:7)고 확정하셨다.

안식일로서의 주일과 관련하여 그리스도께서 하신 대표적인 말씀
으로서, "안식일이 사람을 위하여 있는 것이요 사람이 안식일을 위하
여 있는 것이 아니니"(막 2:27)라는 말씀을 들 수 있을 것입니다. 바
로 그러한 예수 그리스도의 말씀을 바탕으로 이 문답에서도 설명하기
를 "우리의 선을 위해, 즉 우리 영혼의 영적인 교화를 위하여, 하나님
께서는 먼저 안식일을 제정하셨다"고 했습니다. 그런즉 참된 안식일
로서 주일을 거룩히 하는 것은, 우리의 마땅한 의무일 뿐만 아니라 또
한 우리에게 큰 유익이 되는 것입니다. 더욱이 앞선 문답들 가운데서
우리는 이미 안식일로서의 주일이 결코 자비의 의무 혹은 봉사의 일을
수행하는 것이 마땅하다는 사실을 확인한바 있습니다. 그러므로 우리
는 또한 안식일로서의 주일에 행하기에 합당한 봉사의 일이 어떤 것인
지에 관한 분명한 지침이 필요한 것입니다.

◆ 마 12:5절에서 예수님이 말씀하신 안식일에 행할 수 있는 예외
  의 경우는 무엇입니까? [187)

◆ 레 24:8절에서 여호와 앞에 항상 진설할 열두 개의 떡은 언제 진설하도록 했습니까? [188)

◆ 레 24:8절에서 언급하는 진설병은 안식일 전에 미리 예비했던 것입니까? [189)

◆ 삼상 21:6절에서 제사장이 먹는 "거룩한 떡"은 언제 물려 낸 것입니까? [190)

사무엘상 21장의 다윗과 제사장 아히멜렉 사이의 대화에서 알 수 있듯이 제사장들은 안식일마다 더운 떡[빵]을 제단에 진설했는데, 그때에 물려낸 떡은 아론 계열의 제사장들이 먹도록 되어 있었습니다(레 24:9). 그런즉 더운 떡을 제단에 진설하기 위해서는 안식일에 새로운 떡을 진설했음을 반증하며, 당시에 더운 떡을 조달할 수 있는 방법은 안식일이라도 제단에 진설할 떡을 새로 굽는 방법밖에는 없었기에, 안식일에도 제사장들은 떡을 굽는 것이 가능하도록 규정했었던 것(레 24:8)입니다.

◆ 민 28:9-10절에 따르면 안식일에 제사장들이 행할 제사의 제물

들은 어떤 것들입니까? [191)

안식일과 관련하여 출 35:2-3절은 기록하기를 "엿새 동안은 일하고 일곱째 날은 너희를 위한 거룩한 날이니 여호와께 엄숙한 안식일이라 누구든지 이날에 일하는 자는 죽일지니 안식일에는 너희 모든 처소에서 불도 피우지 말지니라."고 했습니다. 그런가 하면 민 28:9절에서는 또 이르기를 "안식일에는 일 년 되고 흠 없는 숫양 두 마리와 고운 가루 십분의 이에 기름 섞은 소재와 그 전제를 드릴 것이니"라고 했습니다. 그런즉 안식일에 각 처소에서는 "불도 피우지 말" 것이지만, 제사를 드리는 제단에서는 제사장들에 의해 희생제물을 잡고 불에 태우고 떡을 굽는 등의 여러 제사행위가 이뤄졌음을 알 수가 있습니다. 바로 이러한 말씀들을 바탕으로 구지는 이 문답에서 안식일에 허락된 봉사의 일로써 "안식일의 일에 더욱 적합한 일들"이라고 언급한 것입니다. 마찬가지로 현대에 이르러서도 안식일로서의 주일에 합당한 봉사의 일로, 예배를 위한 여러 가지 일들을 예외로 용인하고 있는 것입니다.

◆ 안식일에 금지하는 행동들에 있어서 마 12:12절에 언급하는 예외적인 행동은 무엇입니까? [192)

◆ 하나님께서 안식일을 제정하신 것은 기본적으로 하나님 자신이 위함을 받음입니까, 사람의 유익을 위함입니까? [193]

◆ 전염성이 있는 질병에 걸린 신자가 주일에 예배를 참석치 않고 스스로 격리하여 있는 것은 안식일의 사역에 지장을 주는 일들의 사유에 포함될 수 있습니까? [194]

이미 구약성경 가운데서도 안식일은 하나님의 백성들에게 영적인 유익만이 아니라 육신적인 유익까지도 도모하려는 의도로 제공된 것임을 볼 수 있습니다. 즉 안식일로서의 주일에도 행할 수 있도록 허락된 일들은 주로 영적인 유익이 되는 일[주로 예배의 일]들로서, 또한 주로 금지된 것들로서는 육신적인 유익이 되는 일[주로 휴식]들로서 규정되어 있는 것입니다. 뿐만 아니라 안식일로서의 주일에 마땅히 행할 봉사의 사역에 방해가 될 만한 일들과, 육체의 필요에 따라 예외가 되는 일들 가운데서 안식일이 우리에게 유익이 되는 제도임을 분명하게 확인할 수가 있는 것입니다.

하지만 그처럼 육신의 유익이 된다는 말은 우리 자신의 유익을 도모하라는 말이 아닙니다. 우리는 우리 자신의 육신에 유익을 주기 위하여 안식일의 예외적인 일들도 행하는 것이 아니라, 다른 사람의 육신의 유익을 위하여 예외적인 일들도 행하는 것이지요. 예컨대 자기 육신의 휴식과 필요를 위해서라기보다는 다른 이들의 육신에 휴식과 필요를 공급하고자 안식일에도 행할 수 있는 예외적인 일들을 행하기도 하는 것입니다. 그렇게 하여 우리들은 "각각 자기 일을 돌볼뿐더러 또한 각각 다른 사람들의 일을 돌보"(빌 2:4)게 되는 것이지요. 그리스도인의 삶이란, 이처럼 "자기보다 남을 낮게 여기"(빌 2:3)는 삶인 것입니다.

질문24 : 어떤 봉사의 일들이 안식일의 일들에 더욱 적합합니까?

대답24 : 우선은, 그러한 것들의 수행에 관한 외적인 일들입니다. (레 24:8; 민 28:9-10)

법[율법] 아래서는 하나님께서 요구하신바 그 예배를 위하여서 더욱 많은 육체적 수고가 필요한 잡다한 의식들이 있었으니, 희생제물을 죽이고, 그것들의 오줌보를 제거하고 잘라서 피를 빼며, 제단에 나무를 놓고, 그 위에 희생제물을 올려놓으며, 등불을 새로 켜고, 진설병을 떡상 위에 진설하는 것과 그 외의 비슷한 일들로서, 그러므로 그것들을 수행하는 자들의 믿음에 관해 그리스도께서는 "제사장들이 성전 안에서 안식을 범하여도 죄가 없"(마 12:5)다고 하셨다. 하지만 그런 일들을 하나님의 예배와 상관이 없이 행한 것이라면, 다른 경우들처럼 그들로 안식일을 범하게 할 것이다(만일에 도살자가 안식일에 그의 도살장에서 짐승을 죽이고, 오줌보를 제거하며, 피를 빼고, 자른다면, 그는 안식일을 범하게 되는 것이다). 그러나 하나님을 예배하는 경우라면, 그들은 안식일을 범한 것이 아니며, 따라서 그것을 행한 자들은 그 가운데 있는 모든 책임에 대해 정당하게 될 수가 있다. 그리하여 교회의 감독들, 그리고 직원들은 성찬을 위한 좋은 빵과 포도주, 그리고 세례를 위한 물을 제공하며, 교회로 그것들을 운반해 올 수가 있다. [또한] 그리하여 헌금위원들은 [헌금을] 건네받으며, 계수하여, 가난한 자들에게 구제금을 나누어 줄 수가 있다. [또한] 그리함으로써 목회자들은 그들의 설교를 위해 연구할 수가 있는 것이다. 그리고 안식일의 주요한 의무로서 행하는 다른 유사한 일들도 행할 수가 있는 것이다.

앞서 23문답에서 안식일에 허락된 봉사의 일들이란 안식일에 더욱 적합한 일들과 그것들에 지장을 주므로 불가피한 일들임을 살펴보았습니다만, 이제 24문답에서는 안식일에 더욱 적합한 일들이 구체적으로 어떤 봉사의 일들인지에 대해 다루고 있습니다.

◆ 레 24:8절에서 기록한바 안식일마다 여호와 앞에 진설병을 진설하는 일은 누가 수행하는 일입니까? [195)]

◆ 민 28:10절에서 언급하는 안식일의 번제는 또한 누가 수행하는 일입니까? [196)]

◆ 레위기 24장과 민수기 28장에서 언급하는 제사의 규정들은 오늘
날의 교회에서 주로 어떤 자들의 일에 해당합니까? [197]

이 문답의 설명에서 구지는 구약의 율법 아래서 행했던 "육체적 수
고가 필요한 잡다한 의식들", 예컨대 "희생제물을 죽이고, 그것들의
오줌보를 제거하고 잘라서 피를 빼며, 제단에 나무를 놓고, 그 위에 희
생제물을 올려놓으며, 등불을 새로 켜고, 진설병을 테이블 위에 진설
하는 것과 그 외의 비슷한 일들"을 언급하여, 안식일에 행하는 그러한
일들이 결코 안식을 깨뜨리는 일이 아니라는 사실을 마 12:5절에서의
그리스도의 말씀을 토대로 해설하고 있습니다. 그리고 그러한 일들이
모두 제사[예배]와 관련된 것이기에, 23문답에서 언급하는 "안식일에
더욱 적합한 일들"에 속하는 것임을 밝히고 있습니다.

그런데 구약시대에 행하던 여러 제사의 예법들은, 오늘날 예배 가운
데서 행하는 연보[헌금]의 봉헌offertory과 같은 것입니다. 그러므로 오
늘날 주일의 예배에서 봉헌과 관련하여 행하는 일련의 일들과 그 일을
감당하는 직분자들이 공히 제사적인 직무와 연관되어 있는 것입니다.

◆ 이 문답에서 구지의 설명으로 보건대 주중에 교회회원들을 위한
친목도모 등의 행사에 필요한 회비수납이나 정산과 같은 일들,
그리고 사사로운 즐거움[오락]을 준비하는 일들도 주일에 행하

기에는 적합하지 않은 것이라 볼 수가 있습니까? [198]

◆ "그리하여 교회의 감독들, 그리고 직원들은 성찬을 위한 좋은 빵
과 포도주, 그리고 세례를 위한 물을 제공하며……목회자들은
그들의 설교를 위해 연구할 수가 있는 것"이라는 설명으로 볼 때
에, 주일에 행하기에 적합한 봉사의 일들에는 또 어떤 것들이 있
겠습니까?

이 문답에서는 기본적으로 안식일로서의 주일에 합당한 "봉사
Service의 일들"에 관해 다루고 있습니다. 그러므로 예배의 외적인 의
식들과 관련한 봉사의 일들이 주로 허용되는 일들입니다.

하지만 이 문답과 관련된 후반부의 설명들을 보면, 주일에도 행하
도록 허용되는 일들에는 예배와 관련된 것들뿐 아니라 남을 돕는 일들
도 광범위하게 허용되는 맥락인 것을 볼 수가 있습니다. 즉 가난한 자
들을 돕는다거나 말씀 사역자인 목사의 설교연구를 지원하는 일, 그리
고 전반적인 봉사의 일들을 행하는 것은 주일에 행하기에 적합한 일들
임을 언급하고 있는 것입니다. 그런즉 주일은 더욱 예배와 관련한 섬
김과 더불어서 실질적으로 "자기보다 남을 낮게 여기"(빌 2:3)는 삶
을 실천하기에 합당한 날인 것입니다.

질문25 : 또 어떤 봉사의 일들이 안식일의 일들로 적합합니까?

대답25 : 우리의 연약한 육신에 필요한 일과 같은 것들입니다. (출
12:16; 마 12:1)

사람은 죄가 가져온 여러 연약함들을 그의 몸에 가지게 되었
다. 그것들로 인해 사람은 선한 일을 행하기에는 장애가 많
고 방해를 받는다. 주께서는 그러므로 사람의 비참함을 극
복하기 위해 그의 선함과 더불어 여러 방법들, 즉 그의 섭리
에 의해 사람들의 연약함을 지지해줄 충분한 수단들을 제공
하셨다. 이것은 하나님께서 사람에게 항상 필요하고 유용한
것인 한, 기꺼이 모든 기회에 사용하도록 하신다는 것을 의
미한다. 주님은 이스라엘 사람들이 할 수 있는 통상적인 수
단들을 제공하지 않으면서, 자신들이 할 수 있는 만큼 최대
한으로 그들을 속박한 [애굽의] 잔인한 폭군들과는 다르다.
하나님께서는 사람을 압제하기보다는, 차라리 그 일을 잠시
멈추실 것이다.

마태복음 11장에서 예수 그리스도께서는 이르시기를 "수고하고 무
거운 짐 진 자들아 다 내게로 오라 내가 너희를 쉬게 하리라"(28절)고
하셨는데, 그 말씀은 당시 "지혜롭고 슬기 있는 자들"(25절)로 지칭

되던 바리새인들과 율법사들과 같은 종교지도자들에게 하시는 말씀이 아니었습니다. 오히려 그들은 이스라엘 백성들에게 율법을 무거운 짐으로 만들어 지우는 자들이었으니, 갈릴리의 어부들을 비롯하여 예수를 따르는 제자가 되기로 하는 사람들이었습니다.

그런데 예수께서는 "내가 너희를 쉬게 하리라"고 이르신 뒤에, 곧장 29절에서 "나의 멍에를 메고 내게 배우라"고 말씀하셨고, 또한 30절에서 더욱 이르시기를 "내 멍에는 쉽고 내 짐은 가벼움이라"고 말씀하셨습니다. 한마디로 "무거운 짐 진 자들"에게 "내가 너희를 쉬게 하리라"고 말씀하시고서, 또한 곧장 이르시기를 "나의 멍에를 메고 내게 배우라"고 이르신 것입니다. 그렇다면 얼핏 상충되는 듯한 이 말씀을 어떻게 이해할 수 있는 것일까요?

◆ 출 12:16절에 따르면, 안식일에 "아무 일도 하지말고 각인의 식물만" 갖추도록 한 것은 사람들에게 행하기 어려운 짐을 지우려는 것입니까? [199]

◆ 막 2:27절에서 주님께서는 안식일이 누구를 위하여 있는 것이라고 말씀하셨습니까? [200]

◆ 막 2:27절의 주님의 말씀의 맥락에서, 23절의 "안식일에 예수께서 밀밭 사이로 지나가실새 그의 제자들이 길을 열며 이삭을 자르니"라는 말씀을 변론해 보십시오.

막 2:23-24절 말씀과 마 12:1-2절 말씀은 동일한 사건에 대한 말씀이되, 약간 다르게 언급되어 있는 말씀입니다. 즉 마 12:1-2절에서는 예수님의 제자들이 시장하여 안식일에 밀밭 사이로 지나다가 이삭을 잘라 먹었다고 했고, 막 2:23절에서는 안식일에 밀밭 사이로 지나시던 주님의 길을 열기위해 이삭을 자르니라고 한 것입니다. 그러나 그에 대한 바리새인들의 반응은 공히 안식일에 하지 못할 일을 하느냐고 주장한 것으로 동일하게 기록되어 있습니다. 한마디로 길을 열기 위해서든 시장하여서든 간에 안식일에는 그 어떤 노동행위도 해서는 안 된다는 것이 바리새인들의 주장이었던 것이지요.

하지만 이에 대해 주님은 답하시기를 "인자는 안식일의 주인이니라"(마 12:8; 막 2:28)는 것이었습니다. 그런즉 '안식일 〈 사람 〈 인자[그리스도]'의 등식이 성립하는 것이지요.

◆ 결국 마태복음 12장과 마가복음 2장은 공히 안식일의 진정한 주체[주인]는 그리스도시오, 그 날은 또한 사람들을 위하는 날로서 있다는 말입니까? [201]

◆ 이 문답의 설명문구에서는 사람이 안식일을 성수하는 것과 같이
    선한 일을 행하기에는 장애가 많고 방해를 받는 이유가 무엇이라
    고 했습니까? 202)

"인자는 안식일의 주인이니라"(마 12:8)는 말씀은, 안식일이 인자
로 지칭되는 주님이 주인이신 날이라는 것입니다. 그러므로 신약시대
이후로 그리스도인의 안식일은 '주의 날'Lord's Day이라고 분명하게 불
리게 된 것입니다. 그러므로 행 20:7절은 '성찬', 곧 "떡을 떼려"고
모인 날이 "그 주간의 첫날", 곧 오늘날의 '주일'이었다고 한 것입니
다. 그리고 그 자리에서 사도 바울은 모인 그들에게 "강론"을 했다고
기록하고 있습니다. 즉 사도행전에 기록된 때부터 이미 그리스도인들
이 주일에 모여서 예배를 드렸었던 것이지요.

그런데 참된 안식의 주인이신 그리스도께서는 안식일에 시장하여
밀 이삭을 잘라 먹는 제자들의 행동을 "안식일에 하지 못할 일"을 한
것이라 나무라지 않으시고, 오히려 삼상 21:6절에 기록된바 다윗의
예를 언급하시어 제자들의 행동이 연약한 그들의 육신에 필요를 공급
하는 일임을 시사하셨습니다. 즉 앞서 마 11:29절에서 "나는 마음이
온유하고 겸손하니 나의 멍에를 메고 내게 배우라 그리하면 너희 마음
이 쉼을 얻으리"라고 말씀하신 것의 예를 그대로 보이신 것이지요. 이
처럼 그리스도께서는 '인자'라 칭하는 그가 안식일의 주인으로서, 안

식일조차도 무거운 짐과 멍에와 같이 되어버린 세대를 향하여 참된 안식을 주시는 분, 이 문답에서 설명하는 바와 같이 "그의 선함과 더불어 여러 방법들, 즉 그의 섭리에 의해 사람들의 연약함을 지지해줄 충분한 수단들을 제공"하시는 분이신 것을 알 수가 있습니다.

◆ 이 문답의 후반부 설명문으로 볼 때, 출애굽기 5장에서 이스라엘 백성들에게 "벽돌에 쓸 짚"을 주지 말도록 한 애굽 왕은, 마태복음 12장 초반부에 나오는 어떤 자들과 같다 하겠습니까? [203)]

우리의 육신은 질병이나 굶주림 뿐 아니라 게으름이나 나태, 그리고 피로와 고달픔 등으로 인해서도 안식일에 마땅히 행할 여러 일들에 방해를 받기가 쉽습니다. 그러므로 우리들은 적당한 휴식과 더불어 자신의 몸을 피로하지 않게 미리 예비함으로써 마땅한 일들의 방해를 초래하지 않도록 해야 하는 것입니다. 하지만 그럼에도 불구하고 발생할 수 있는 모든 육신의 연약함들로 인해 고통을 당하지 않도록 하시고자, 안식일의 주인이신 그리스도께서는 "내 멍에는 쉽고 내 짐은 가벼움이라"고 말씀하셨습니다. 그런즉 우리들은 마지못하여 억지로 행하는 것이 아니라 기쁨과 즐거움으로 얼마든지 거룩히 안식하는 주의 날을 보낼 수 있는 것이지요.

질문26 : 우리의 연약한 육신이 가장 필요로 하는 구체적인 것들은 무엇입니까?

대답26 : 잠(전 5:12), 음식(눅 14:1), 의복(삼하 12:20), [그 밖의] 다른 모든 적절한 도움들(막 2:3-4)입니다.

질문27 : 왜 잠이 필요합니까?

대답27 : 만약에 우리가 안식일 바로 전날 밤에 적절히 숙면을 취하지 않으면(그것의 후반부, 즉 한 밤중으로부터 우리가 일어나기까지는, 안식일의 한 부분인데, 만일 그럼에도 [그 의무를] 수행한다면) 그 날의 의무들을 졸면서 수행하게 될 것이며, 하나님께서도 그들을 받아들이지 않으실 것이기 때문에, 우리의 영적인 교화에도 도움이 되지 않을 것입니다. 숙면은 우리의 피로한 몸을 회복시켜 줄 뿐 아니라, 우리의 흐릿한 영혼에 활력을 제공하며, 우리로 안식일의 의무를 더욱 잘 수행할 수 있도록 합니다. 그러므로 전 5:12절은 [노동자는] 달게 잠을 잔다고 했습니다.

질문28 : 왜 음식이 필요합니까?

대답28 : 만약 그것이 시의적절하고 적당하다면, 음식은 몸에 활력을 제공하며 심령을 깨우는데 특별히 사용될 것입니다.

많은 사람들의 영은 만일에 그들이 적절한 때에 적당한 음식과 함께 힘을 얻지 못하면 성도로 준비되지 못하게 될 것입니다. 그리스도께서는 그러므로 눅 14:1절에서, 안식일에 그의 통상적인 식사를 하셨다고 했습니다. 그리고 눅 14:1절 등에서는, 그 날에 그의 제자들이 [밀 이삭을 잘라먹음으로] 그들 스스로 요기하는 것을 양해해 주셨습니다. 실로 주님께서는 눅 13:15절에서 그러한 자비가 짐승들에게까지 베풀어져야 함을 보이셨습니다.

이제 구지의 문답들 가운데서 "우리의 연약한 육신이 필요로 하는 구체적인 것들"에 관해 생각해 보고자 합니다. 이는 앞서 25문답에서 언급한바 "사람들의 연약함을 지지해줄 충분한 수단들"에 관해 구체적으로 살펴보고자 하는 것인데, 안식일이 제정될 때에 하나님께서는 사람들에게 아무런 행동도 하지 말도록 하신 것이 아니라 일상적인 일들을 멈추고 예배와 봉사에 관한 의무들에 집중하여 행하도록 하셨기 때문입니다. 그러므로 그러한 일들을 수행하기에 앞서 연약한 우리의 육신에 필요를 채울 수단들이 강구되어야 하는 것입니다.

◆ 전 5:12절은 우리의 육신에 더욱 유익이 되는 것을 잠이라 말합니까, 아니면 소유[돈]라고 말합니까? [204)]

◆ 시 127:2절에서 시인은 여호와 하나님께서 그의 사랑하시는 자에게 주시는 축복으로서 무엇을 언급합니까? [205)]

◆ 27문답은 안식일과 관련하여 왜 잠이 필요하다고 했습니까? [206)]

◆ 27문답에 따르면 안식일은 언제부터 예비해야 합니까? [207)]

성경에서 잠에 관해 기록한 최초의 본문은 창 2:21절의 "여호와 하나님이 아담을 깊이 잠들게 하시니"라는 구절입니다. 그리고 그 잠은 "그 갈빗대 하나를 취하고 살로 대신 채우시"는, 마치 수면마취 상태에서의 내과수술과도 같은 일을 행하시기 위해 잠들도록 하신 것이었습니다. 무엇보다 그 때의 잠은 이후로 회복을 위해서도 긴요했을 것으로 보이는데, 이처럼 잠은 아직 타락하기 전의 사람에게도 있었던 지극히 자연스러우며 요긴한 것으로 성경은 기록하고 있습니다. 뿐만 아니라 전 5:12절 말씀이나 시 127:2절 말씀 가운데서 알 수 있듯이, 잠은 하나님의 은총의 한 측면으로 성경은 기록하고 있습니다.

◆ 삼상 14:27절에서 피곤한 요나단의 몸을 회복케 한 음식은 무엇이었습니까? 208)

◆ 눅 14:1절에서 주님은 무엇 때문에 "한 바리새인 지도자의 집"을 방문하셨습니까? 209)

◆ 28문답은 안식일과 관련하여 왜 음식이 필요하다고 했습니까? 210)

◆ 28문답은 안식일과 관련한 음식의 필요가 어떤 대상에게까지 적용된다고 했습니까? 211)

요 4:6절에는 예수께서 "길 가시다가 피곤하여 우물 곁에 그대로 앉으시니"라고 기록되어 있으며, 이후로 7절에서 주님은 사마리아 여자에게 "물을 좀 달라" 말씀하시고 또한 제자들은 먹을 것을 사기 위해 그 동네에 들어갔더라고(8절) 기록하고 있어서, 예수님의 이 땅에서의 일상이 우리들과 마찬가지로 피곤함과 목마름, 그리고 배고픔을 느끼는 생활이었음을 알려주고 있습니다. 이처럼 사람에게는 육신에 필요한 휴식과 회복의 통상적인 수단인 '잠' sleep과 더불어서 '음식'이 반드시 필요한 것이지요. 그 두 가지 요소[혹은 수단]를 통해서 사람은 공히 원기를 회복하게 되는 것을 성경 가운데서 찾아볼 수가 있는 것입니다.

사실 막 2:27절에서 "안식일이 사람을 위하여 있는 것"이라는 말씀에서 알 수 있듯이, 안식일로서의 주일을 거룩히 하기 위한 여러 방편들 가운데서 신자들은 지극히 큰 은택을 누리게 됩니다. 특히나 적절한 시기, 즉 너무 늦지 않은 시간에 잠을 청하고 때에 맞춰 먹는 식사를 통해 피로를 해소하고 원기를 찾은 가운데서 행하는 경건의 의무들을 통해서 신자들은 육신적인 유익뿐 아니라, 무엇보다 영적인 유익들을 풍족하게 얻을 수가 있는 것입니다. 그러므로 주일을 거룩히 보내는데 있어, 우리의 연약한 육신을 위해 필요한 숙면과 적당한 음식의 섭취는 사람을 위하여서 안식일을 세우신 하나님의 세심한 배려이며, 하나님 자신에게 굳이 필요치 않으실 지도 모르는 안식[전능하신 하나님이시기에]을 왜 일곱 번째 날에 취하셨는지를 생각하게 합니다. 즉 "안식일이 사람을 위하여 있는 것이요 사람이 안식일을 위하여 있는 것이 아"닌 것이지요.

질문29 : 의복은 어디에 유용합니까?

대답29 : 의복도 역시 몸에 활력을 주며 단정하게 하는 데에 유용하고 필요합니다. 그것은 몸을 따듯하게 하며, 우리의 단정하지 못한 부분을 가려줍니다. 특히 우리가 큰 모임에 참석할 때에 우리 스스로를 단정하게 하며, [보통은] 주일날에 교회에서 가장 큰 모임이 있습니다. 과거에 사람들은 수욕의 때를 제외하고(출 33:4-5), 하나님의 집으로 갈 때에 언제든지 그들에게 제일 좋은 옷을 입었습니다(삼하 12:20).

질문30 : 또 어떤 다른 도움들이 있습니까?

대답30 : 거기에는 여러 다른 도움들이 있는데, 여러 가지 돌발적인 일들로부터 생깁니다. 다리를 절거나, 통풍으로 수족이 약하거나, 삐거나, 어떤 다른 경우들에 있어서 그들을 교회로 이끄는 데는 큰 도움이 요구됩니다. 그리고 [그럴 경우에] 그 일이야말로 이끄는 자들에게 고역이 될 것임에 틀림이 없습니다. 따라서 교회당이 멀리 떨어져 있는 곳에서는 육지에서는 말과 마차의 도움을 받고, 물에서는 보트를 이용하는 수밖에 없습니다. [막 1:32절이나 2:3절에서와 같이] 안식일에 여러 사람들이 자기 스스로 올 수 없는 친구들을 그리스도께로 데리고 온 사례가 있습니다.

과거에 우리 사회의 보수적인 몇몇 장로교회들에서 주일날 교회에서의 성도들의 복장과 관련하여 가장 아끼며 좋은 옷을 입어야 한다는 전통이 있었던 것을 볼 수 있는데, 구지의 29문답에서 "과거에 사람들은 수욕의 때를 제외하고, 하나님의 집[교회당]으로 갈 때에 언제든지 그들에게 제일 좋은 옷을 입었"다고 상당히 구체적으로 설명하는 것을 볼 수가 있습니다. 아마도 한국에 들어와서 장로교회의 신앙과 전통을 가르친 선교사들에 의해 그러한 입장이 전수되었을 것인데, 그러나 그것이 어떤 성경적 기원을 갖는지에 대해서 이 문답을 통해 조금 더 확실하게 파악할 수가 있을 것입니다.

◆ 창 3:21절에서 "여호와 하나님이 아담과 그의 아내를 위하여 가죽옷을 지어" 입히신 것은 무엇 때문이었습니까? [212]

◆ 성경에서 최초로 의복과 관련하여 언급하는 창 3:7절에서 밝히

창 3:21절 말씀에는 최초로 의복과 관련한 언급한 것을 볼 수가 있습니다. 물론 창 3:7절에서 이미 "무화과나무 잎을 엮어 치마를 삼았더라."는 언급이 있지만, 아직은 불완전하고 임시적인 형태였던 것을 21절에서 하나님에 의해 정식으로 제공하고 있기 때문입니다. 그런즉 처음부터 의복의 용도를 사람의 단정하지 못한 어떤 부끄러움을 가리고(무화과나무 잎을 엮어 만든 치마), 또한 체온을 유지하고 몸을 보호하기 위하여(여호와 하나님이 지어 입히신 가죽 옷) 필요했던 것을 알 수가 있습니다.

그런데 출애굽기 28장을 보면 출애굽 하여 광야에서 여호와 하나님을 섬기는 이스라엘 백성들, 그 가운데서도 제사장이 입을 복장에 대해 아주 상세하게 하나님께서 알려주신 내용을 볼 수가 있습니다. 즉여호와 하나님 앞에서 제사(예배)를 행하는 제사장들을 대표로 하여, 하나님의 집인 성전에서 최고의 격식(혹은 상징)을 갖춘 의복을 만들어서 입도록 친히 가리켜 주신 것입니다.

◆ 삼하 12:16절에서 우리아의 아내가 다윗에게 낳은 아이가 병이 들자, 다윗이 한 행동은 어떤 것이었습니까? 214)

◆ 삼하 12:20절에서 다윗이 "땅에서 일어나 몸을 씻고 기름을 바르고 의복을 갈아"입은 이유는 무엇이었습니까? [215)

출 3:22절 말씀에서 여호와 하나님께서는 출애굽 할 때에 이스라엘 백성들이 행할 것에 관하여 모세에게 미리 이르시기를, "여인들은 모두 그 이웃 사람과 및 자기 집에 거류하는 여인에게 은 패물과 금 패물과 의복을 구하여 너희의 자녀를 꾸미"도록 하라고 말씀하셨습니다. 그리고 실제로 출 12:35절은 기록하기를 "이스라엘 자손이 모세의 말대로 하여 애굽 사람에게 은금 패물과 의복을 구하"더라고 했습니다. 특히 "의복"(히: 시믈라)은 창 37:3절에 언급된 요셉의 "채색 옷"(히: 파스 케토네트)보다도 훨씬 고급스런 복장을 지칭합니다. 야곱이 귀히 여긴 아들 요셉에게 입힌 채색 옷이 속에 입는 특별한 긴 옷인데 반해, 출애굽 한 이스라엘 백성들이 빌려 입고 나온 의복이란 훨씬 특별한 외투인 것이지요. 이스라엘 백성들이 출애굽 한 이후 시내산에서 금송아지 우상을 만들어 뛰놀 때에도 귀에 금 고리를 차고 있었던 것(출 32:2-3절)으로 보건대, 이 때에도 그들은 아주 특별한 외투인 '시믈라'를 입고 있었을 것입니다. 즉 그들이 광야에서 여호와 하나님께 경배를 드릴 때에, 그들은 애굽에서 빌려 입고 온 가장 좋은 옷을 입고서 참여하고자 했었던 것입니다. 마찬가지로 삼하 12:20절에서 다윗 왕도 여호와께 경배하고자, 몸을 씻고 기름을 바르고 [가장 좋은 옷으로] 의복을 갈아입고 성전에 들어갔던 것입니다. 이처럼 의복은 몸을 따듯하게 보호하며 단정하게 치장할 뿐 아니라, 대회greatest assemblies로 모이는 자리에서 자신을 합당하게 단장하는 데에도 유용한 것입니다.

지금까지 잠시 우리의 연약한 육신 가운데 필요한 것들을 충족시키는 몇 가지 예들에 대해 생각해 보았습니다. 특히 우리들 자신의 필요를 위하여 그러한 예들은 안식일로서의 주일에도 당연히 행할 수 있는 일들입니다. 하지만 30문답에서 구지는 다시 다른 이들의 육신적인 도움을 제공하는 봉사의 일들에 관해 언급합니다.

◆ 30문답에서 안식일(혹은 주일)에 행하도록 허용하는 봉사의 일들로 발생하는 문제는 무엇이겠습니까? 216)

오늘날 우리들은 주일에 관련해서 지나치게 유연해져 있는 신앙생활이 보편적으로 퍼져 있습니다. 그러나 불과 3~40년 전에만 하더라도 주일에 소비생활을 하거나 지나치게 먼 거리를 이동하는 일 등을 되도록 배제하는 것이 당연한 주일성수의 인해였던 것을 기억한다면, 과연 지금 우리 시대에 주일을 어떻게 보내는 것이 거룩한 안식일로서 합당한가의 정립이 요구된다 하겠습니다.

◆ 30문답에서 예시하는 도움들은 공통적으로 정규적으로 발생할 수 밖에 없는 일들입니까, 아니면 갑작스럽게 돌발적으로 발생

누가복음 10장에는 다른 복음서에 기록되어 있지 않은 독특한 내용이 하나 기록되어 있는데, 그것은 흔히 '선한 사마리아인의 비유'라고 일컫는 것입니다. 즉 "자기를 옳게 보이려고"(29절) 예수께 질문하는 어떤 율법교사가 "내 이웃이 누구니이까?" 하고 묻는 것에 대해, 예수께서 누구에게든 도움이 필요한 자에게 자비를 행하도록 권하시는 말씀이 기록되어 있는 것입니다.

그런데 눅 10:25절로부터 시작하여 37절까지 이어지는 그 기사를 살펴보면, '행함'(자비의 의무)이 부각되고 있는 것을 볼 수가 있습니다. 25절에서 그 율법사는 "내가 무엇을 하여야 영생을 얻으리이까?" 하고 물었고, 신 6:5절 말씀을 인용하여 율법의 두 분류를 말씀하신 예수께서도 "이를 행하라 그러면 살리라"고 말씀하셨으며, 자비를 베푼 사마리아 사람에 관한 비유 끝에도 예수께서는 "가서 너도 이와 같이 하라"고 말씀하신 것입니다. 그런즉 자기를 옳게 보이려 한 그 율법사는 행실이 없이 율법에 대한 지식으로서만 옳게 여김을 받고자 하는 자였고, 예수께서는 그런 율법사가 관심을 두지 않는 자비의 의무를 직접 실행하도록 촉구하신 것이지요.

이처럼 안식일로서의 주일을 거룩하게 보내는 데에는 '자비의 의무', 곧 선한 행실로서의 봉사와 관련된 적극적인 실천의 중요성이 포함되어 있습니다. 주일은 신약시대의 유대인 율법사들이 강조했던바 율례들과 금지명령만이 실행되어야 하는 것이 아니라, 연약한 우리의 몸과 이웃들의 필요를 돕는 적극적인 자비의 의무와 봉사의 일들이 더욱 실행되어야 하는 것입니다. 바로 이점에서 주로 예배당에서 이뤄지는 예배와 행사들이 주가 되는 현대 기독교의 주일의 모습은, 각자의 가정에서와 속한 사회에 대한 선행의 실천이라는 좀 더 적극적인 신앙의 측면이 보강되어야 할 모습이라고 볼 수 있는 것입니다.

질문31 : 앞서 언급한 것들이 어떻게 경건의 의무에 도움을 줍니까?

대답31 : 우리가 그것들을 더욱 잘 하도록 함으로써 입니다. (시 104:14-15)

우리는 그것들이 어떻게 우리의 몸을 새롭게 하며, 우리의 영을 고양시키고 지지해주며, 게다가 우리에게 있는 수많은 병폐들을 바로잡아 주는지를 들었다. 그렇게 함으로써 우리는 우리가 지닌 것들을 더욱 의욕적이고 꾸준하게 행할 수 있게 되며, 그리고 그렇게 함으로써 동일하게 더 나아질 수 있게 된다. 말을 타고서 먼 여행을 하는 사람은, 여관에서 얼마동안을 쉬고, 식사를 하며, 그의 말에게 여물을 주어, 그 자신과 말을 그들이 달리 행하는 것보다도 더욱 멀리 갈 수 있도록 한다. 그리고 그의 여정도 더욱 나아질 수 있다. 그가 휴식을 취함으로 여행을 계속하지는 않으며, 또한 그의 길을 조금도 나아가지 않고, 다만 그의 여관에 머물고 있지만, 그는 진정 앞으로의 그의 여행을 도우며, 그렇게 함으로 그 목적지에 더욱 잘 이르게 할 수 있는 것이다. 이와 마찬가지로 우리의 몸을 위하여 필요한 그 같은 봉사의 일들을 함으로써 안식일을 정확히 거룩하게 하지는 못할지라도, 그

것들에 의해 거룩하게 하는 것이 증진되며, 봉사를 제공한
다는 점에서, 더욱 잘 수행하게 된다.

우리의 신앙은 현대에 이르러 자연종교natural religion에 상당히 가까
워진 것 같습니다. 즉 하나님의 계시로서 기록된 성경에 중심을 두기
보다는 자연(종교심과 신비적인 현상을 추구), 또는 이성에 의한 진리
를 중시하는 경향이 아주 짙게 깔려있는 것입니다. 그러므로 그처럼
자연종교화 된 우리 신앙의 모습은, 하나님의 말씀에 따르면서 긴 삶
의 역사 가운데서 하나님의 섭리를 바라보며 의뢰하는 신앙이 아니라
신비와 이적을 쫓는 종교심에 바탕을 두는 신앙으로 자리하고 있는 것
입니다. 그러므로 금식a fast이나 극단적인 기도와 응답을 추구하는 성
향을 광범위하게 보이고 있는 것입니다. 한 마디로 기도하여 응답받는
것이 신앙의 고상한 수준이라고 생각하는 것이지요.

그러나 앞서 언급된 안식일로서의 주일에 관한 문답들 가운데서 알
수 있듯이, 하나님 앞에서 합당한 신앙과 주일성수의 모습은 그처럼
특별하고 비상적인extraordinary 양상을 추구하는 것이 아니라 통상적인
ordinary 양상을 꾸준하게, 즉 평생에 걸쳐서 보여주는 신앙의 모습입
니다.

◆ 사도 바울은 무엇 때문에 고전 10:25절에서 "무릇 시장에서 파

는 것[대부분 우상의 제물로 삼았던 것들이었다]은 양심을 위하여 묻지 말고 먹으라"고 했을까요? [218)]

◆ 고전 10:28절에서 사도 바울은 왜 "이것이 제물이라 말하거든" 먹지 말라고 했을까요? [219)]

◆ 고전 10:31절에서 사도 바울은 최종적으로 음식과 관련하여 어떻게 행하도록 권하고 있습니까? [220)]

고린도전서 10장에서 사도 바울은 우상 숭배하는 일을 피하라고 권면하면서도, 시장에서 파는 것들에 대해 우상 숭배의 제물이었는지를 묻지 말고 먹으라고 했습니다. 그런가 하면 누군가 그것이 우상의 제물로 받쳐졌던 것이라고 지적한다면 먹지 말도록 권면했는데, 이는 먹고 마시는 것의 문제를 하나님의 영광을 위하는지의 여부를 기준으로 판단해야 하기 때문입니다. 즉 우리가 먹고 마시는 것은 그저 우리 자신만을 즐겁게 하고 유익하게 하려는 것이 아니라 하나님의 영광을 위하여서 사용되어야 하는 것이지요. 그러므로 시장에서 파는 것들이 전부 우상에게 제물로 돌렸다가 유통되는 것일지라도, 연약한 우리의 육신에 활력을 공급해주는 양식으로서 얼마든지 합당하게 먹는 것이며,

또한 연약한 믿음이나 양심을 지닌 자들을 위해서 먹지 않고 자제하는 것도 하나님께 영광이 되도록 하고자 함에 근거하여 그처럼 행하는 것이어야 합니다.

그러나 비록 우상에 제물로 올렸던 것일지라도, 시장에 유통되어 우리가 취할 때에는 연약한 우리 육신을 유지하고 활력을 제공하는 양식으로서 생각할 뿐인 것입니다.

◆ 시 104:15절에서 시인은 "사람의 마음을 힘있게 하는 양식"을 누가 주시는 것이라고 말합니까? [221]

◆ 안식의 날로서 주일을 성수하는데 있어서 경건의 의무들을 수행할 뿐 아니라 우리의 몸을 유익하게 하는 일들을 행함으로써 경건의 의무들을 수행함에 그 만큼 부족하게 될 수 있는데도, 왜 이 문답에서는 그것을 행하도록 인정하고 있습니까? [222]

◆ 결국 잠, 음식, 의복, 그리고 기타 여러 가지 필요한 것들을 충족시키는 방편들은 무엇을 더 잘 수행하도록 하고자 함입니까? [223]

고전 10:31절에서 사도가 "그런즉 너희가 먹든지 마시든지 무엇을 하든지 다 하나님의 영광을 위하여 하라"고 말한 것은, 아울러 "자신의 유익을 구하지 아니하고 많은 사람의 유익을 구하여 그들로 구원을 받게 하라."(33절)는 권면과 연계되는 말입니다. 즉 주일을 거룩하게 함에 있어서도, 그 절대적인 기준은 "하나님의 영광"에 있으며, 또한 연약한 우리의 육신의 필요를 공급하고 돕기 위한 방편들을 행함에 있어서도 먼저는 하나님의 영광에 있는 것인데, 그러한 맥락에서 자신의 유익만을 구하는 것이 아니라 많은 사람의 유익이 되도록 섬기고 봉사하기 위해 자신의 몸에 활력을 주는 모든 필요들을 또한 충족시키는 것입니다. 그리하여 하나님 앞에서 합당하며 영광으로 돌려지는 경건의 의무를 더욱 잘 수행하게 되는 것이지요.

질문32 : 안식의 날에 이러한 것들을 잘 사용하기 위해, 어떠한 주의를 기울여야 합니까?

대답32 : 우선, 그것들에 대해 필요 이상의 시간을 사용하지 않도록 해야 합니다. (출 34:4)

주께서는 우리가 필요로 하는 것들을 사용함에 있어, 자유롭게 사용할 수 있도록 하심으로서, 그리고 그것들을 사용하는데 편리한 시간에 있어, 우리를 존중하신다는 것을 입증하신다. 그러므로 우리가 하나님께 경의를 표하는 것은, 우리가 할 수 있는 한 많은 시간을 그를 예배하는데 드림으로써 입증할 수가 있는 것이다. 그리고 그 때에 필요로 하는 것보다 더 많은 시간을 우리 자신을 위해 사용함으로써 주의 관대하심을 낭비하지 않는 것이 매우 중요하다. 그런 이유로 밤에 편히 쉰 다음에, 우리는 아침에 늦지 않게 일어나고, 주의 날에 하나님께 더욱 많은 시간을 드릴 수 있도록, 신속하고 빠르게 자신을 단장해야만 한다. 이와 같은 것들이 하인들에 의해 행하는 적절한 필요의 일들에 대해도 수행되어야만 한다. 따라서 식사를 하기 위해 식탁에 앉았을 때에도 우리는 적당한 시간[빠르기]을 사용하여 식사를 하도록 해야만 한다. 기상과 아침식사를 더욱 빨리 마치며, 필요로 하는 모든 수종적인 일들을 더욱 빨리 행하도록 한다. 왜냐하면 이는 주의 날에, 하나님과 그에게 드리는 예배에 대해 적절한 경의를 표하는 것이기 때문이다.

질문33 : 주의해야 할 다른 것은 무엇입니까?

대답33 : 안식일에 행하도록 허용된 그러한 봉사의 일들은 안식일을 위하는 일로써 행해야만 한다는 것입니다.

그러한 존중함이 이 거룩한 시간에 이뤄져야 하기 때문에, 우리가 모든 것들을 되돌리려 노력함과 같이, 할 수 있는 한 그 날을 거룩하게 하도록 노력해야만 합니다.

주의 날Lord's Day은 신앙을 갖지 않은 사람들에게 있어서는 휴일 Holiday입니다. 그러므로 휴일과 같은 맥락으로 주의 날을 이해한다면, 굳이 서두르는 일이 없이 최대한 천천히 모든 일과를 진행하려고 할 것입니다. 마치 휴일에 신앙을 갖지 않은 사람들이 늦잠을 자거나 게으름을 맘껏 피우는 것과 비슷한 것이지요.

그러나 우리의 신앙에 있어 주의 날은 게으르게 늦잠을 자며 우리의 육체만을 위하는 날이 아닙니다. 육일 동안 우리의 생활에 있어 필요한 일들을 수행하며 보냈다고 한다면, 주의 날에는 경건을 위하여 힘쓰며 그 가운데서 안식하는 날이기 때문입니다. 물론 육일 동안에도 신자들은 경건을 위한 의무들을 마땅히 수행해야 하지만, 주일에는 더욱 그 일에 집중하여 보내는 것이 '하나님의 백성'들로서의 합당한 일인 것입니다.

◆ 출 34:2절은 여호와께서 모세에게 언제까지 돌판 둘을 준비하여 시내 산에 오르도록 명하셨다고 했습니까? [224]

◆ 출 34:4절은 여호와의 명하심에 따라 돌판 둘을 준비한 모세가 어느 때에 일어났다고 했습니까? [225]

◆ 이러한 모세의 태도 가운데서 우리들은 어떠한 모습을 엿볼 수 있습니까? [226]

막 1:35절은 예수님의 공생애Ministry of Jesus에 대해 기록하면서, 특별히 "새벽 아직도 밝기 전에 예수께서 일어나 나가 한적인 곳으로 가서 기도하시더"라고 한 것을 볼 수 있습니다. 이는 "우리가 다른 가까운 마을들로 가자 거기서도 전도하리니 내가 이를 위하여 왔노라"(38절)는 말씀과 더불어서, 예수께서 그의 사역에 얼마나 열심과 주의를 기울였었는지를 가늠케 합니다. 마찬가지로 출 34:4절에서 모세 또한 돌판 둘을 처음 것과 같이 깎아 만들어서 시내 산에 오를 때에, 아침에 시내 산에 오르도록 하신 여호와 하나님의 명령을 열심과 주의를 기울여 수행했는데, 특별히 "아침 일찍이 일어나" 여호와 하나님의 명령을 따랐던 것을 볼 수 있습니다.

◆ 이 문답은 안식일에 우리 육신의 필요를 따라 허용되는 일들에 대한 어떠한 지침을 가르치고 있습니까? [227)]

◆ 이 문답의 설명에 따르면, 우리들은 안식일에 우리 육신의 필요를 따라 허용되는 일들에 대한 지침대로 행하는 목적은 무엇입니까? [228)]

◆ 이 문답의 지침은 수종하는 아랫사람들에게도 동일하게 적용되는 것입니까? [229)]

◆ 주일에 합당한 경건의 의무를 수행함에 있어 나 자신, 혹은 우리 신앙의 공동체인 교회에 필요한 실질적인 방편들이 무엇일지 생각하고 토의해 보도록 합니다.

주일성수의 실천에 관련하여, 구지는 하인들이 적절한 시간에 잠을 청하여 주일을 준비할 수 있도록 주일 전날 저녁 시간에는 어떠한 정찬의 준비도 요구하지 않았다고 합니다. 뿐만 아니라 주일에는 어떠한 경우라도 하인들이 방문객들의 접대를 위하여 자신의 집에 남아 식사를 준비하도록 하지도 않았다고 합니다. 비록 자신의 하인들이 지상에서의 삶에 있어서는 자신을 섬기기 위해 일하는 자들이었지만, 하늘의 삶에 있어서는 자신과 동일하게 하나님을 섬기는 자들이요 권속으로 여겼던 것이지요. 이처럼 구지는 그의 공적인 사역에서뿐 아니라 사적인 삶에 있어서도 주일에 마땅히 행할 하나님께 대한 예배와 적절한 경의를 표하는 일에 친히 모범을 실천하는 인물이었던 것입니다.

◆ 33문답은 안식일에 경건의 의무에 속하는 일들 외에 봉사의 일이나 육신의 연약한 필요를 충족시키는 일 등은 중요하지 않으므로 그저 적당히 수행해도 되는 것입니까? [230)]

안식일로서의 주일성수에 있어서 우리들이 유념해야 하는 것은, 그것이 안식일과 마찬가지로 24시간과 그 시간들 가운데 행하는 모든 것들 가운데서 거룩하게 존중되어야 한다는 점입니다.

사실 우리들은 그동안에 주일에 있어 공적인 예배만을 중시하고, 나머지 주일의 시간 동안에 어떻게 행하는 것이 안식일로서의 주일을 거룩하게 보내는 것인지를 대부분 간과해 왔습니다. 그러나 코로나 19 바이러스의 창궐로 말미암아 함께 모이는 것 자체가 매우 조심스럽게 되어버린 가운데서, 우리들은 새삼 주일예배 이외의 시간을 거룩하게 보내는 신앙의 중요성을 직시하게 되었습니다.

질문34 : 어떻게 그들이 그처럼 행할 수가 있습니까?

대답34 : 첫째로는 목적과 관련한 정당한 일을 행함으로써 이고, 둘째로는 방식과 관련하여 그같이 행함으로써 입니다.

목적과 방법은 우리가 행하는 것을 질적으로 향상하게 만든다.

악한 목적과 방법은 우리가 하는 일들을 나쁜 길로 이끈다.

그러나 선한 목적과 방식은 정당한 일들에 영광을 더한다.

질문35 : 우리가 추구해야 할 목적은 무엇입니까?

대답35 : 경건의 일들을 더 잘 행하도록 하는 것입니다. (왕상 19:7)

이 목적(특히 만일에 참으로 우리가 할 수 있는 일을 더 잘 수행한다면, 이는 목적의 올바른 사용이자 올바른 효과다) 이 봉사의 일들이 안식일의 일이 되도록 한다. 예를 들어서, 만일 안식일 이전의 저녁에 잠자리에 든다면, 우리는 안식일의 의무들을 더욱 기꺼이 행하려는 이 목적을 위해 평안히 잠들기를 기도하는데, 그 잠은 안식일의 잠이다. 그런즉 그같은 목적을 위해 먹고 마신다고 한다면 이는 안식일의 먹고 마심인 것이다. 이는 다른 것들에 있어서도 마찬가지이다.

주 5일제 근무가 우리 사회에 보편화 되면서, 어느새 우리의 문화 가운데에도 여가leisure활동이 대중화되기에 이르렀습니다. 그러므로 금요일에 떠나는 여행이나 취미활동이 자연스럽게 여섯 째 날에까지 이어지기도 하는데, 그렇게 하여 그리스도인들도 자연스레 주일 하루만으로 안식일의 일들을 하는 것이라는 의식이 보편화되기에 이르렀습니다.

그러나 과거에 우리의 신앙, 특히 장로교회의 신앙에 있어서는 주일 하루뿐 아니라 주일 전에 일찍 잠자리에 듦으로써 주일을 예비하며, 또한 주일에 필요로 하는 것들을 미리 준비해 두는 일 또한 신앙의 중요한 문화였습니다. 즉 물리적인 안식의 날은, 주일 아침부터 주일 밤까지이지만, 안식일로서의 주일을 성수하는 목적과 방식에 있어서는 주일 전날 저녁부터 주일을 위해 미리 준비함으로써 실질적으로 주일이 시작되는 것과 같은 태도를 취했었던 것입니다.

◆ 주 5일제의 시행 가운데서 그리스도인들이 주일 전날을 선한 목적과 방식으로 사용할 수 있는 방안은 무엇일까요? [231]

◆ 주 5일제의 시행 가운데서 그리스도인들이 주일 전날을 악한 목적과 방식으로 사용하게 되는 예는 무엇이 있을까요? [232]

앞서 33문답에서 우리들은 안식일에 하도록 허락된 일들, 예컨대 봉사의 일들이나 우리의 육신에 필요한 것들을 공급해 주는 활동(경건의 일들을 예비하는 활동) 등도 안식일의 일처럼 행해야 한다고 했는데, 마찬가지로 안식일로서의 주일을 보내기 전날 저녁부터 주일을 예비하기 위한 일련의 활동들 또한 그 같은 목적, 곧 안식일의 일처럼 행해야 하는 것입니다. 바로 이 점에 있어서 주 5일제의 문화는 그리스도인의 경건한 안식에 도움을 줄 수도 있는가 하면, 반대로 해악을 끼치는 악한 목적과 방식의 생활을 만들 수도 있는 것입니다.

◆ 왕상 19:4절에서 이세벨의 위협을 피해 달아난 엘리야가 광야의 로뎀 나무 아래에 앉은 이유는 무엇이었습니까? [233)]

◆ 이어지는 5-6절은 로뎀 나무 아래에 누워 자는 엘리야에게 천사가 어떻게 행했다고 했습니까? [234)]

◆ 이어지는 7절에서 다시 나타난 천사는 엘리야에게 음식을 제공하며 무엇이라 말했습니까? [235)]

◆ 끝으로 8절은 "사십 주 사십 야를 가서 하나님의 산 호렙에 이르"기까지 엘리야가 무엇에 의지했다고 기록했습니까? [236)]

열왕기상 19장에 나오는 호렙Horeb 산은 시내Sinai 산과 같은 산으로서, 일반적으로 '호렙'은 산맥을 지칭하고, '시내'는 산봉우리를 지칭하는 것으로 알려져 있습니다. 여하튼 열왕기상 19장에서 엘리야는 출애굽기에 나오는 여호와 하나님의 산인 시내 산을 향하여 사십 주 사십 야를 나아간 것이니, 그처럼 열심이 유별난 그의 갈 길을 위하여서 천사가 연거푸 나타나서 음식과 충분한 원기를 북돋아 주었던 것입니다. 그러므로 구지의 35문답에서는 그러한 성경의 예를 바탕으로, 안식일 전날 저녁에 취하는 충분한 휴식과 숙면에 대해 설명한 것이지요. 즉 경건의 일을 보다 잘 수행할 수 있도록 해줌으로써 봉사의 일들이 안식의 일이 되는 것처럼, 안식일로서의 주일 전날에 충분한 휴식과 음식의 섭취를 해주고 일찍 잠자리에 듦으로서 안식의 일을 수행하게 되는 것입니다. 한마디로 안식일의 목적으로 수행하는 모든 일들이 그 목적에 따라 합당하게 허용되는 일들이 되는 것이니, 이를 통해 고전 10:31절에서 사도가 말한바 "그런즉 너희가 먹든지 마시든지 무엇을 하든지 다 하나님의 영광을 위하여 하라"는 말씀을 그대로 실천하게 되는 것입니다.

질문36 : 이후에 어떤 방식으로 그러한 일들이 수행되어야 합니까?

대답36 : 그것들로부터 영적인 묵상의 문제를 일으킴으로써 입니다. (눅14:7)

주님의 날에 우리의 마음은 하늘heaven에 있어야하며, 따라서 모든 것은 하늘의 방식으로 이루어져야 한다. 경건의 일들뿐 아니라, 또한 우리가 하는 모든 일들도 그같이 이뤄져야 한다. 우리가 먼저 [잠에서] 깨었을 때에, 그 날이 무슨 날이며, 하나님께서 그 날의 의무들에 있어 우리로 거룩케 되기를 바라신다는 것을 되새긴다. 잠자리에서 일어나 나오면서는, 죄악으로부터의 첫 부활을 우리의 마음에 상기해야 하며, 둘째로는 무덤에서 나오게 됨을 상기해야 한다. 우리 스스로를 단장함에 있어서는, 우리의 영혼을 단장하는 것을 묵상해야 한다. 얼굴과 손을 씻음에 있어서는, 우리의 영혼을 정결케 하는 것을 생각해야 한다. 하인들은 불을 피우고 지피면서, 그것으로부터 그들 안에 하나님의 영의 불꽃을 피우는 기회로 삼아야 한다. 음식을 준비하는 가운데서, 그들은 그들 영혼의 양식에 대해 생각해야 한다. 합법적인 일들 가운데, 경건한 마음이 하늘의 것을 묵상하도록 이끌지

못할 것은 없다. 이것들에 의해 묵상이 이루어지면서, 거룩
하게 되는 것이다.

'묵상' meditation이란 일반적으로 마음속으로 묵묵히 기도하거나,
정신을 모아 잠잠히 생각하는 것을 말합니다. 그러므로 하늘의 것을
생각하는 방식에 있어서, 묵상하기는 우리의 마음을 하늘 높이 띄워
올리며 영적으로 고취시키는 좋은 방법입니다. 특별히 36문답에서
는, 앞서 35문답에서 다룬바 "경건의 일들을 더 잘 행하도록 하는 것"
에 있어서 묵상의 유용함을 잘 설명하고 있습니다. 즉 주의 날에는
"경건의 일들뿐 아니라, 또한 우리가 하는 모든 일들도 그같이-경건
의 일들과 같이 이뤄져야" 하는 것입니다.

◆ 36문답에서는 우리가 하는 모든 일들도 경건의 일들과 같이 수
   행되도록 잠에서 깨어나면 무엇을 행하도록 설명합니까? [237]

◆ 침대에서 일어나 나올 때에는 무엇을 하도록 설명합니까? [238]

일반적으로 거룩한 안식일의 시작은 안식일로서의 주일의 아침부
터 시작이 됩니다. 그러므로 잠에서 깨었을 때에는, 그 날이 바로 거

룩히 안식하는 날로서의 주의 날이라는 사실을 자각하고, 하나님께서 그 날의 의무들 가운데서 우리로 거룩케 되기를 바라신다는 사실을 마음 가운데 깊이 묵상하는 것으로 시작해야 하는 것입니다. 이를 위해서는 당연히 그 전날 일찍 잠자리에 듦으로써, 주일 아침이 피곤하지 않은 맑은 정신으로 시작될 수 있도록 미리 예비해야 마땅한 것이겠습니다.

무엇보다 안식 후 첫날–안식일 다음날–인 주의 날에 잠에서 깨어 일어나는 것은, 그리스도인들에 있어서 안식 후 첫날에 부활하신 예수 그리스도를 떠올리며 묵상하게 하는 때이기도 합니다. 그러므로 구지는 주의 날에 잠에서 깨어 잠자리에서 일어나 나오는 때에 "죄로부터의 첫 부활"을 떠올리어 묵상하도록 했고, 또한 무덤에서 일어나 나오게 될 둘째 부활에 대해 묵상하도록 권하고 있습니다. 그야말로 주의 날을 거룩히 할 목적과 방식으로서의 영적인 묵상 가운데서 주일 하루를 시작하도록 한 것이지요.

◆ 우리 스스로를 단장하는 가운데 묵상해야 할 것은 무엇이라고 했습니까? [239]

◆ 우리 자신의 얼굴과 손을 씻음에 있어서는 무엇을 생각해야 한다고 했습니까? [240]

◆ 36문답의 설명으로 보건대, 안식의 날인 주일에 행하는 일들 가운데 착념해야 하는 것은 한마디로 무엇입니까? [241)

◆ 눅 14:7절에서 예수께서 보이신 비유의 소재는 무엇이었습니까? [242)

◆ 눅 14:7절의 비유의 소재를 보시고 예수께서 생각하도록 하신 바에 대해 11절은 무엇이라고 밝힙니까? [243)

'비유' parable의 사전적 의미는 "표현하려는 대상을 다른 대상에 빗대어 나타내는 것으로서, 표현하고자 하는 대상에 대해 특별한 의미나 효과를 얻기 위해 일상적·표준적이라고 생각하는 의미와 일반적인 수준의 연상에서부터 벗어나 비약하여 설명하는 것"[63)을 말합니다. 마찬가지로 예수님의 비유 또한 "평범한 사람들이나 물건들 또는 집, 밭, 왕궁 등에서 일어나는 사건들을 직유나 은유 도는 이야기로 표현한 것들"[64)이었습니다. 즉 공생애 기간 동안에 행하며 바라보시던 모

---

63) 네이버 지식백과: 비유(比喩) [고교생을 위한 문학 용어사전, 2006. 11. 5. 구인환] 재인용.
64) 『아가페 성경사전』, (서울: 아가페 출판사, 1993)

든 것들 가운데서 하늘의 교훈들을 도출시켜 설명하신 것입니다. 그러므로 우리들도 예수께서 보이신 모범을 따라서 우리 주변의 모든 일상적인 것들 가운데서 성경의 교훈하는 바를 묵상하는 경건 가운데 있어야 할 것입니다. 특별히 안식의 날로서의 주일에는 더욱 경건의 일들뿐만이 아니라 모든 주일의 일상들 가운데서 하늘의 일들[영적인 일들]을 생각하고 묵상하는 방식으로 성별해야sanctify 할 것입니다.

◆ 이 문답의 후반부 설명에서 언급하는 하인들의 경우에 대한 설명들은, 오늘 우리들에게 어떠한 의미로 이해되어야 하겠습니까? [244)]

이 문답에서 말하는 '종'servant이란 기본적으로 주인에게 종속된 자로서의 개념을 지닌 단어입니다만, 오늘날의 관점에서 보자면 그처럼 종속적인 종[예컨대 출 21:6절에서 언급하는 귀를 뚫은 종]보다는 '직원'이라는 말이 더욱 적합할 것입니다.

그런데 성경을 보면, 이미 구약시대로부터도 종에 대한 이해는 당시의 일반적인 경우들처럼 '노예'slave로서 생각하지 않았음을 볼 수 있습니다. 예컨대 창세기 24장에서 아브라함은 자기 집의 모든 소유를 맡길(2절) 만큼 신뢰하던 늙은 종에게 아들 이삭의 아내를 택하도록 했던 것을 볼 수 있고, 아들이 없자 애굽 출신의 종에게 딸을 주어 상속하게 한 경우(대상 2:34-35)도 찾아볼 수가 있습니다. 무엇보다 출 21:20절에서는 종이 비록 그 상전의 재산과 같을지라도 죽기까지 매를 치는 것은 금했으며, 또한 종의 눈을 상하게 하거나 이를 부러뜨리는 상해를 입히는 경우에는 그 종을 놓아 주도록 할 만큼 관대했던 것을 볼 수가 있습니다. 그러므로 엡 6:5절에서 사도는 "종들아 두려워하고 떨며 성실한 마음으로 육체의 상전에게 순종하기를 그리스도께 하듯 하라."고 했는가 하면, 또한 9절에서는 상전들에게 "너희도 그들에게 이와 같이 하고 위협을 그치라 이는 그들과 너희의 상전이 하늘에 계시고 그에게는 사람을 외모로 취하는 일이 없는 줄 너희가 앎이라."고 한 것입니다. 이러한 맥락에서 출 20:10절에서는 안식일에 관해 언급하기를 "너나 네 아들이나 네 딸이나 네 남종이나 네 여종이나 네 가축이나 네 문안에 머무는 객이라도 아무 일도 하지 말라."고 했습니다. 바로 이러한 맥락 가운데서 구지는 36문답의 후반부에서 하인들이 주일의 일과 가운데서 어떠한 방식으로 안식일의 묵상을 해야 하는지에 대해서도 상세히 언급한 것이지요.

그러나 오늘날에는 안식일로서의 주일의 개념이 아주 미약하여, 하인들이나 직원들은커녕 자기 자신조차도 경건의 일들뿐만이 아니라 그 날의 모든 일과들 가운데서 하늘의 것들을 생각하고 묵상하는 데에 전혀 관심을 기울이지 못하는 경우가 대부분인 실정입니다. 예배당에서 이뤄지는 예배와 교회적인 행사들에 참여하는 것 외에, 가정에서나 사회에서, 그리고 개인적인 일과들 가운데서 그처럼 영적인 묵상에 각별한 주의를 기울이지를 못하는 것입니다. 하지만 코로나 19 바이러스의 창궐 가운데서 생활방역과 사회적 거리두기의 장려 가운데서 밀집하여 모이는 예배가 지양되는 사태와, 그 가운데서 중요하게 대두된 가정과 개인의 경건생활의 문제에서 알 수 있듯이, 안식일로서의 주일에 예배당 밖에서 보내는 일과들 가운데서 어떠한 목적과 방식으로 행해야 하는지의 문제는 우리 신앙에 아주 중요한 부분임을 깨달아야 할 것입니다. 바로 그러한 부분에 있어 경건과 영적인 성별이 이뤄지지 않는 한, 우리들의 주일성수는 안식일로서 거룩히 성별하는 것이라기보다는 그저 일요일sunday로서의 종교생활에 불과할 수 있을 것입니다.

질문37 : 그것들이 경건의 의무들을 방해한다 할지라도, 안식일에 봉사의 일을 행할 수 있다고 생각합니까?

대답37 : 그렇습니다. (마12:7)

하나님께서는 무슨 일이 일어나거나, 혹은 [일이] 틀어지든지 간에, 반드시 교회당에 가야만 한다고, 우리를 그렇게 엄격하게 속박하지는 않으신다. "제사를 원치 아니하며"(호6:6)라는 구절은, 때로 하나님께서 제사, 즉 우리에 의해 수행되어야 할 경건의 의무들을 바라지 않으시는 경우가 있음을 암시한다.

질문38 : 그것들이 경건의 의무를 방해한다 할지라도 수행해야 할 그러한 봉사의 일들이란 무엇입니까?

대답38 : 보잘 것 없을지라도 절대적으로 필요한 일들입니다.

이러한 절대적 필요라는 것은 사람의 요구와 관계된다.

말하자면, 이런 저런 일들이 반드시 해야만 하는 것으로서, 만일에 그렇게 하지 않으면 사람에게 심각한 피해와 손실을 초래하게 되는 경우의 일들이다.

2020년 3월경부터 전 세계적으로 코로나 19 바이러스가 창궐함으로 말미암아, 연약한 우리의 육신과 다른 사람들을 위하는 봉사의 일로서의 방역communicable diseases control의 문제가 함께 모여 주일예배를 드리는 것을 가로막는 실제적이고도 강력한 요인으로 불거졌습니다. 그리고 이와 관련하여서 기독교 내에서는 두 입장이 첨예하게 방향을 달리하여 서게 되었는데, 그것은 어떤 경우에도 예배를 폐할 수 없다는 입장과, 반대로 다른 사람과 사회에 피해를 입히지 않도록 공적으로 함께 모여서 드리는 예배를 일시적으로 폐하고 각자 흩어져서 온라인on-line 방식으로 신속히 전환해야 한다는 입장이었습니다. 적어도 한 세대generation의 신앙에 있어서 전혀 경험해보지 못한 예배와 관련한 실질적이고도 치명적인 위협이, 전혀 예상하지 못했던 영역인 전염병의 문제를 통해 그야말로 터치고 나오듯 현실로 제기된 것입니다.

무엇보다 코로나 19 바이러스로 말미암은 전염병의 문제는, 기독교회 안에서 예배뿐 아니라 주일과 관련한 신앙의 전반을 근본적으로 다시 생각하도록 하는 물리적인 요인으로 작용했습니다. 주의 날에 교회당에 온 회중이 함께 모여 드리는 예배가 불가능하거나 곤란하게 된 상황에서 과연 우리들은 어떻게 신앙을 유지해야 하는 것이며, 또한 어떻게 신앙을 유지할 수 있는 것인지에 관련한 심도 있는 사고와 정립이 필요하게 된 것이지요.

바로 이러한 문제들에 있어서, 37문답과 38문답은 분명하게 그에 대한 답변을 제시하고 있습니다.

◆ 막 2:27절에서 주님은 안식일 규정과 관련하여서 어떠한 답변을
   제시해 주셨습니까? [245]

◆ "안식일이 사람을 위하여 있는 것"이라는 말씀은, 안식일에 사
   람이 편리한대로 다 행해도 된다는 의미입니까? [246]

마 23:4절에서 주님은 모세의 자리(율법의 자리)에 서서 율법을 사
람들에게 무거운 짐으로 여겨지도록 한 서기관들과 바리새인들의 위
선을 드러내 보이셨습니다. 하지만 앞서 3절에서 주님은 이르시기를
"그러므로 무엇이든지 그들이 말하는 바[율법의 가르침]는 행하고 지
키되 그들이 하는 행위는 본받지 말라"고 하셨는데, 왜냐하면 "그들은
말만 하고 행하지 아니"하기 때문입니다.

그러나 주님의 율법에 대한 가르침에 따르면, 롬 2:13절에서 사도
바울이 언급한 것처럼 "하나님 앞에서는 율법을 듣는 자가 의인이 아
니요 오직 율법을 행하는 자라야 의롭다 하심을 얻"는 것입니다. 즉 율
법을 따라 실제로 행하는 가운데 신자들이 거룩하고 의롭게 되는 것입
니다. 따라서 율법에 따라 안식일을 지키는 것을 통해 안식일과 율법

이 거룩케 되는 것이 아니라, 안식일과 율법의 거룩함과 의가 율법을 따라 안식일을 지키는 사람을 거룩하고 의롭게 하는 것이지요. 마치 우리가 많은 책들을 산다고 해서 우리의 마음과 지식을 풍성하게 하는 것이 아니라, 많은 책들을 꼼꼼히 읽을 때에 비로소 우리의 마음과 지식이 풍성하게 되는 것과 유사한 것이지요. 그러므로 우리가 안식일을 억지로라도 지키므로 비로소 안식일이 거룩하게 되는 것이 아니라, 오히려 안식일 자체가 이를 지키는 자에게 거룩함을 주는 것입니다. 서기관들과 바리새인들은 바로 이 선후관계를 크게 오해한 것이지요.

◆ 마 12:7절에서 주님은 안식일과 관련하여 어떤 말씀을 하셨습니까? [247]

◆ 출 33:3절 말씀으로 보건대 호 6:6절의 말씀을 하시는 하나님은 어떠한 분이십니까? [248]

우리들은 신앙에 대하여서 마치 하나님을 돕는 자처럼 생각하는 경우가 있습니다. 즉 우리가 믿음을 보이고 율법을 따라 행함으로 하나님을 이롭게 하는 것인 냥 생각하는 것입니다. 마찬가지로 안식일로서의 주일을 거룩히 함에 있어서도, 우리들은 자칫 그러한 생각을 가질 수가 있습니다. 특히 주일에 행하는 공적인 예배에 대해서, 마치 하나님 앞에 출석하여 드림으로 마일리지mileage를 적립이라도 하는 듯이 생각하곤 하는 것입니다.

그러나 하나님께서는 이미 구약시대로부터 "나는 인애를 원하고 제사를 원하지 아니하"노라고 말씀하시어서, 제사(예배)나 율법을 준행하는 것이 본질적으로 하나님을 이롭게 하는 것이 결코 아니라는 사실을 분명하게 밝히셨습니다. 오히려 제사와 율법을 준행함으로 우리의 죄를 사하시고 의를 행하도록 하시는 것이니, 그야말로 안식일뿐 아니라 모든 율법과 제사가 전부다 사실은 하나님이 아니라 이를 행하는 우리들을 이롭게 하는 것입니다. 즉 율법의 둘째 취지를 따라 우리 이웃을 내 몸과 같이 사랑하면, 그것을 통해 실제적으로 이롭게 되는 것은 하나님이 아니라 오히려 이를 행하는 우리 자신과 이웃들인 것이지요. 그러므로 하나님께서는 때로 그분의 섭리와 역사를 통해서 "우리에 의해 수행되어야 할 경건의 의무들을 바라지 않으시는 경우"가 있도록 하시어, 우리로 그 사실을 깨닫도록 하시는 것입니다.

그러나 여기에서 우리들은 또 다른 오해와 육신의 타락한 습성을 마주하게 됩니다. 즉 "안식일이 사람을 위하여 있는 것이요 사람이 안식일을 위하여 있는 것이 아니니"(막 2:27)라는 말씀을 곧장 우리의 영적인 나태와 방종의 근거로 삼아버리는 것입니다.

◆ 삼상 21:6절에서 다윗이 제사장 계열의 사람들만 먹을 수 있는

"거룩한 떡"을 먹은 이유는 무엇 때문이었습니까? [249)]

◆ 마 12:11절에서 주님께서 말씀하신바 "어떤 사람이 양 한 마리가 있어 안식일에 구덩이에 빠졌으면 끌어내"는 것이 당연한 이유는 무엇입니까? [250)]

위의 두 경우에서 알 수 있듯이 우리에게 있어 돌발적으로 발생할 수 있는 사고나 재해들, 혹은 불가피하게 직면하게 되는 이런저런 일들로 말미암아 때때로 우리들은 예배와 경건의 일을 수행함에 있어 심각한 방해를 받을 때가 있습니다. 그리고 즉각적으로 대처하지 않으면 그로 인해 상당한 피해를 감수하게 되는 경우들이 있을 수가 있는 것입니다. 그러나 그런 경우에 주님께서는 분명하게 "안식일이 사람을 위하여 있는 것이요 사람이 안식일을 위하여 있는 것이 아니니"라고 이미 말씀하시어, "때로 하나님께서 제사, 즉 우리에 의해 수행되어야 할 경건의 의무들을 바라지 않으시는 경우가 있음"을 충분히 이해하며 알 수 있도록 하셨습니다.

마찬가지로 우리 사회는 거의 직면하지 못했던 종류의 전염병(코로나 19 바이러스)의 팬데믹pandemic으로 말미암아 함께 모여 예배를 드리는 것이 심각하게 방해를 받는 지경에 이르렀습니다. 도무지 어떻게 전파될지 모르는 코로나 바이러스의 위험 앞에서, 언제가 될지 모르는 기간에 걸쳐서 예배가 방해를 받는 형편에 처한 것입니다. 그런 가운데서 과연 함께 모여서 예배를 드리지 못함이 안식일로서의 주일을 거룩하게 성수하지 못하는 것이 되지 않는지 심각한 고민을 하게 되었지요. 더구나 그처럼 교회당에 모여서 드리는 예배와 공적인 행사들을 시행할 수 없는 상황에 이르게 되면서, 과연 어떻게 하는 것이 합당한 예배의 자세인지, 그리고 온 회중이 함께 모여서 드리는 예배가 없이 어떻게 주일을 성수할 수 있는지 등에 관한 심각한 혼란에 직면했던 것입니다.

하지만 가장 심각한 문제는 신앙과 주일에 대한 이해가 부족한 신자들이 이러한 사태를 스스로 적응하고 극복할 수 있겠는가? 하는 것입니다. 주일에 예배당에서 드리는 예배와 공적인 행사들에 참여하는 것 외에, 예배당에 가기 전 혹은 예배당에서 돌아온 뒤의 가정에서 과연 어떻게 행하는 것이 주일을 거룩하게 보내는 합당한 신앙의 행실인지에 대한 이해나 훈련이 거의 전무한 현실의 문제가, 직접적이고 시급한 신앙상의 문제로 제기된 것이지요. 그러한 우리들의 시대를 향하여 이미 1641년에 윌리엄 구지가 작성한 이 문답의 전반적인 내용들이 바로 영적인 '백신' vaccine이요, '처방' prescription이라 하겠습니다.

질문39 : 그러한 절대적인 필요성을 어떻게 알 수 있습니까?

대답39 : 해야만 하는 일을 전날에 할 수 없었거나, 그 다음 날로 연기할 수 없는 경우입니다.

이는 안식일이라도 지금 그 일을 실행해야할 필요성을 암시하는 것이다. 이 첫 번째가 그것을 반드시 수행해야 할 근거가 됩니다. 그것이 전날에 수행될 수 없으며, 또한 그 다음날로도 미뤄질 수 없다면, 그것을 지금 행해야하는 것이 당연하기 때문이다. 그러므로 그 일은 주의 날에 행해야 한다는 사실만이 남는 것이다. 예를 들자면, 기왓장이 사람의 머리에 떨어져서 주님의 날에 그를 다치게 하는 경우다. [그 경우에] 이 사람을 도와주어야 하는 것은 필연적이다. 그 전날에 그의 치료를 위해 해야 할 일은 아무것도 없을 것인데, 왜냐하면 그가 상처를 입게 될 것을 아는 사람은 아무도 없기 때문이다. 최소한 그 사람이 구조를 받지 못하여서 죽는 일이 없도록, [그를] 구조하는 것은 그 다음날로 미뤄져서는 안 된다. 그러므로 그를 도울 수 있는 그 일을 [지금] 해야만 할 것인데, 그에 따라 경건의 의무들은 방해를 받게 된다. 이러한 의도에 관해서는 요 7:23절을 참조하라.

안식일로서의 주일에 관해서 우리들은 "안식일이 사람을 위하여 있는 것이요 사람이 안식일을 위하여 있는 것이 아니니"(막 2:27)라는 말씀이 주는 관대함과 더불어서, 심지어 안식일의 경건의 의무들에 있어서조차도 절대적이거나 필연적인 것만은 아니라고 하는 것을 이미 살펴본바 있습니다. 그러나 이제 39문답에서는 안식일의 의무에 있어서 그처럼 예외적인 경우에 적용되는 "절대적인 필요성"이 무엇에 근거하는지에 관한 구체적인 내용들을 살펴보게 될 것입니다.

먼저 이 문답에서는 구체적인 사례들로서가 아니라 목적과 방식에 있어서의 절대적인 필연성을 부여할 수 있는 근거를 밝히고 있는 것을 볼 수 있습니다.

◆ 이 문답에서 설명하는 "절대적인 필연성"의 목적은 무엇입니까? [251)

◆ 그렇다면 이 문답에서 설명하는 "절대적인 필연성"의 방식은 어떠한 것입니까? [252)

◆ 그렇다면 절대적인 필연성의 목적과 방식은 오직 다른 사람에게만 적용되어야 합니까? [253)

이 문답의 설명들 가운데서 파악할 수 있는 "절대적인 필연성"의 경우와 관련하여, 우리들은 여기서도 부패하고 악한 우리의 완악함을 생각해 볼 수 있을 것입니다. 즉 절대적으로 필연적인 일이 아닌데도 불구하고 그것을 불가피한 경우라고 생각하는 것입니다. 예컨대 집의 수도꼭지를 잠그지 않고 나왔을 경우라면, 예배를 드리러 가는 중에라도 발길을 되돌려 집으로 향해야만 하는 것은 당연할 것입니다. 하지만 수도꼭지를 잠그지 않고 집을 나서는 일이 상습적으로 일어난다면, 분명히 그에 대한 대비와 해결책—외부에서 휴대전화로 잠글 수 있는 전자식 수도꼭지를 부착한달지, 집을 나서기 전 체크 리스트를 작성하여 현관문에 부착해 두고 점검한 후에 집을 나서는 등의 대책—을 마련해야만 할 것입니다. 그렇게 조치를 취한다면, 다음부터는 그 일은 절대적인 필연성을 갖지 않을 것이겠지요. 그러므로 "절대적인 필연성"을 적용할 수 있는 경우란, 반드시 단회적One-time이라고 볼 수도 있을 것입니다.

◆ 요 7:23절에 기록된바 "사람이 안식일에도 할례를 받는 일이 있"는 것은, 모세의 율법의 어떤 언급 때문에 그렇게 하는 것이 정당하게 인정된 것일까요? 254)

◆ 요 5:4절을 바탕으로 왜 예수께서 안식일임에도 불구하고 서른 여덟 해 된 병자를 낫게 하셨는지 설명해 보십시오. 255)

◆ 요 5:16절에 따르면, 요 7:23절에서 유대인들이 예수께 대하여 노여워 한 이유가 무엇이었습니까? [256]

◆ 요 7:23절에서 예수께서는 안식일에 서른여덟 해 된 병자를 고치신 것이 난지 팔일 만에 할례를 받도록 한 모세의 율법에 따른 절대적인 필요성과 같은 맥락임을 말씀하신 것입니까? [257]

요 7:24절에서 예수께서는 "외모로 판단하지 말고 공의롭게 판단하라"고 말씀하셨으니, 예수께서 하신 일들에 대해서 그 겉모습만 보고 판단하지 말고 율법의 공의를 가지고서 판단하라고 말씀하신 것입니다. 즉 율법의 조문에 매이는 것이 아니라 율법이 의도하는바 긍휼과 정의를 가지고서 바라보라는 말씀이지요. 그럴 때에 비로소 "나는 자비를 원하고 제사를 원하지 아니하노라"(호 6:6절에 대한 마 12:7절의 인용)는 말씀의 뜻[의도]을 알게 되는 것입니다.

질문40 : 절대적인 필요의 일들에는 어떤 종류가 있습니까?

대답40 : 첫째, 통상적인 것. 둘째, [특별하고] 비상적인 것입니다.

통상적인 일들이란 대부분 매 안식일마다 일어나는 것들로서, 그 날[안식일]에 어딘가에서 혹은 다른 곳에서 수행된다.

[특별하고] 비상적인 일들이란 때때로 일어날 수도 있고, 때때로 일어나기도 하는 일들이나, 매우 드물게 일어난다.

그러한 일들 가운데 하나가 발생하는 것은 통탄할 일이다.

질문41 : 경건의 의무를 방해하는 통상적인 봉사의 일들에는 어떠한 예들이 있습니까?

대답41 : 첫째, 어린 아이를 돌보는 것. 둘째, 병들고 무력한 사람을 보호하는 것. 셋째, 산고를 겪는 여성을 돕는 것 등입니다.

대부분의 가정들에는 그들 스스로 돌볼 수 없거나 교회로 데리고 온다면 모든 회중을 방해할 수밖에 없는 일부 어린아이들이 있다.

어떠한 도시나 마을에서건 일부 병들고, 그렇지 않으면 나이에 따라 쇠약하거나, 혹은 일부 환자가 매우 빈번하게 발

생할 수 있으며, 그로 인해 그들이 교회에 갈 수 없을 뿐 아
니라, 그들[회중] 가운데서 일부는 그들[병들고 노쇠하거
나 아프거나 한 교우들]과 함께 지내며 돌보거나, 그들과 더
불어서 [교회에] 출석해야 하는 경우가 있을 것이다. 그리
고 연중 어떤 날이라도 일부 여성 가운데는 어느 곳에서 혹
은 다른 곳에서 산고를 겪을 수도 있지 않겠는가? 만약 모
든 날이 그러하다면, 주의 날에도 그러하다. 그러나 그럴 경
우에는 한 두 사람 이상이 그들의 산고를 돕는 것이 요구된
다. 그러므로 이 같은 것들이 모두 통상적인 봉사의 일이며,
그로 말미암아 어떤 이들은 경건의 의무들에서 빠지게 되나
그로인해 비난받지는 않는다. 예컨대 삼상 1:22절에서 한나
는 그녀의 아이가 젖을 뗄 때까지 성전에 오르지 않았지만
[그로인해] 비난받지는 않았다.

　우리들은 일생 가운데서 도무지 짐작조차 할 수 없었던 일에 직면
하기도 하는가하면, 때로는 언젠가 반드시 직면하게 될 것을 알면서도
다만 그 시기가 언제인지만을 모르는 일들을 겪기도 합니다. 그러므로
전자의 일에 대해서는 전혀 대비가 불가능하지만, 후자의 일에 대해서
는 항시 어느 정도의 대비를 해 두게 마련이지요. 예컨대 후자의 경우

에 그 가능성에 따라 미리 예산을 확보해 두거나 혹은 변수를 예측해 두기도 하는 것입니다. 예산에 있어서의 예비비나, 예측에 있어 보험에 가입하는 경우와 같은 것들이 바로 그러한 실질적인 예인 것이지요. 그리고 이는 우리의 신앙생활에서도 마찬가지로 발생하며 대비하는 일이기도 합니다.

◆ 40문답에서는 절대적인 필요의 일들 가운데 "통상적인 것"에 대해 우선적으로 어떤 것들로 설명합니까? [258]

◆ 절대적인 필요의 일들 가운데 "통상적인 것"은 매 안식일마다 한 교회에서 발생하는 일입니까? [259]

◆ 40문답에서는 절대적인 필요의 일들 가운데 "특별한 것"에 대해서는 우선적으로 어떤 것들로 설명합니까? [260]

◆ 절대적인 필요의 일들 가운데 "특별한 것"은 매 안식일마다 발생하는 일입니까? [261]

안식일에라도 반드시 수행해야 하는 절대적인 필요의 일들 가운데에는, 비교적 빈번하게 발생하는 것이 있는가 하면 거의 발생하지 않는 대단히 드문 경우의 것들도 있습니다. 하지만 그럼에도 불구하고 그러한 일이 발생했을 때에는 안식일에라도 반드시 수행해야만 하는 절대적인 필요가 거기에 부여되어 있는 것입니다.

◆ 삼상 1:21절은 엘가나가 "여호와께 매년제와 서원제를 드리러 올라"간 때의 인원에 대해 뭐라 기록하고 있습니까? 262)

◆ 삼상 1:22절에서 한나가 매년제와 서원제를 드리러 성전에 올라가지 않은 이유를 무엇 때문이었다고 했습니까? 263)

◆ 그 때에 한나의 남편 엘가나는 언제까지 그녀가 성전에 올라가지 않는 것을 용인했습니까? 264)

삼상 1:24절은 젖을 뗀 사무엘을 데리고 제사를 드리러 올라가는 한나와 엘가나는 "수소 세 마리와 밀가루 한 에바와 포도주 한 가죽부대를 가지고"서 실로의 여호와의 집[성전]으로 올라갔다고 했습니다. 그런데 민 15:8-10절은 "번제로나 서원을 갚는 제사로나 화목제로 수

송아지를 예비하여 여호와께 드릴 때에는, 소제로 고운 가루 십분의 삼 에바에 기름 반 힌을 섞어 수송아지와 함께 드리고, 전제로 포도주 반 힌을 드"리도록 기록하고 있어서, 한나와 엘가나가 드린 제물이 원래의 기준보다 훨씬 많은 양이었던 것을 알 수가 있습니다. 그런즉 한나는 사무엘을 젖떼기까지 그를 아껴 여호와께 내놓기를 꺼린 것이 아니었음을 분명하게 알 수가 있습니다. 오히려 그는 기뻐함 가운데 당시에 충분히 용인되던 방식을 따라서, 아이가 젖을 떼는 2~3살이 되기까지 잘 보살피고 양육한 후에 여호와 드렸었던 것입니다. 삼상 1:24절은 "아이가 어리더라."고 하여, 그러한 부모들의 행동이 얼마나 헌신하여 행해진 것인지를 나타내주고 있습니다.

◆ 41문답에서는 "어린 아이를 돌보는 것"이 어떤 이유로 경건의 의무를 방해하는 일상적인 봉사의 일이 된다고 설명합니까? [265)]

◆ "병들고 무력한 사람들을 돌보는 것"은 어떤 이유로 경건의 의무를 방해하는 일상적인 봉사의 일이 됩니까? [266)]

◆ 산고를 겪는 산모가 있을 경우에는 얼마나 많은 일들이 진통하는 것에 대하여 산무에게 도움을 주어야 한다고 했습니까? [267)]

이 문답에서 언급하는 경우들 외에도 주일에 행하는 경건의 의무를 방해하는 일상적인 봉사의 일들이 더욱 많이 있을 것입니다. 특별히 41문답에서 설명하고 있는 것처럼, 출산의 일은 연중 언제라도 일어날 수 있는 일이기에, 다른 경우들과 마찬가지로 더욱 일상적인 봉사의 일이라 할 수가 있는 것입니다. 그리고 그러한 경우에 있어서 주일의 의무를 준행하지 못한다고 해서 아무도 비난할 수는 없는 것이지요. 이처럼 때로는 주일의 의무들을 필연적 수행해야하는 것이 아닌 경우가 분명히 있는 것입니다.

질문42 : 경건의 의무들을 방해하는 [특별하고] 비상적인 봉사의 일
에는 어떤 사례들이 있습니까?

대답42 : 첫째, 집에 난 불을 끄는 것. 둘째, 범람을 막는 것. 셋째,
적들을 대적하는 것. 넷째, 동물들을 현재 당면한 위험으로
부터 건져내는 것 등입니다.

첫 세 가지인 화재, 홍수, 그리고 외침의 경우는 너무 격심
한 것이어서, 당장에 도움을 받지 못하면 회복할 수 없는 손
실이 뒤따를 수 있다. 만일 그렇다면, 어떠한 경우이든지간
에 무엇보다 "자비를 원하고 제사를 원치 않는다."(호 6:6;
마 12:7)는 규칙만을 굳게 붙잡으면 될 것이다.

동물들을 위험에서 건져내는 일에 있어서, 우리는 마 13:11
절과 눅 14:5절에 있는 그리스도의 말씀을 근거로 한다. 이
성이 없는 피조물들을 위험으로부터 즉각 건져내야 할진대,
이성이 있는 피조물이야 오죽하겠는가. (눅 13:15, 16)

[안식일에도] 허용되는 이러한 세부 사항들에 의해, 안식일
을 올바로 지키는 것이 많은 사람들이 생각하는 것처럼 멍에
가 아니라는 것을 알 수 있다.

앞서 41문답에서 다룬바 경건의 의무들을 수행하는 것을 방해하는 통상적인 봉사의 일들, 곧 통상적으로 일어날 수 있는 어린 아이들을 돌보는 것이나 병들고 부력한 사람들을 돌보는 것, 그리고 산고 중에 있는 산모들을 돕는 것과 같은 일들 외에, 이제 42문답에서는 비상적으로 혹은 돌발적으로 발생하는 봉사의 일로 말미암아 경건의 의무수행에 방해를 받는 일에 관해 살펴보고자 합니다. 한마디로 예기치 않은 일들로 말미암아 주일의 경건의 의무들을 수행할 수 없게 되는 경우들에 관해 살펴보고자 하는 것입니다.

◆ 앞서 40문답에서는 [특별하고] 비상적인 일들 가운데 어떤 것이 하나라도 발생하는 것에 대해 어떠한 일이라고 언급했습니까? [268]

◆ 40문답에서는 [특별하고] 비상적인 일들 가운데 어떤 것이 하나라도 발생하는 것에 대해, 왜 그처럼 언급할까요? [269]

이 문답에서 구체적인 예로 드는 항목들 가운데서 알 수 있듯이, 비상적인 봉사의 일들은 우리에게 대부분 큰 아픔이 되는 일들입니다. 그것의 직접적인 당사자가 아니라 하더라도, 누구든 이러한 일들이 발생하게 될 때에는 참으로 통탄하게 되는 것입니다. 그러므로 이러한 일들 가운데서야 말로, 신자들은 간절함과 절실함으로 하나님을 의뢰

할 뿐 아니라 당사자인 이웃들을 위하는 이웃 사랑의 마음을 갖게 되는 것입니다.

◆ 이 문답에서, 너무나 시급하여 당장 지체하지 말고 도움을 제공해야만 하는 일은 어떤 경우들입니까? 270)

◆ 위와 같은 일들은 급박한 상황 외에 또한 어떠한 공통점을 지니고 있는 일들입니까? 271)

◆ 위와 같은 일들이 안식일인 주일에 닥친 경우에, 신자들은 어떻게 해야 합니까? 272)

마 11:28절에서 예수께서는 당시 종교지도자들이 지운 율법의 무거운 짐과 그것에 대한 복잡한 해석들까지도 따라 지키는 멍에를 진 이스라엘 사람들에게 이르시기를, "수고하고 무거운 짐 진 자들아 다 내게로 오라 내가 너희를 쉬게 하리라"고 말씀하셨습니다. 그리고는 또한 29절에서 이르시기를 "나의 멍에를 메고 내게 배우라"고 하셨는데, 30절에서 예수께서는 또한 이르시기를 "내 멍에는 쉽고 내 짐은 가벼움이라"고 말씀하시어서 왜 29절에서 "그리하면 너희 마음이 쉼을 얻으리"라고 말씀하셨는지를 알 수가 있습니다. 즉 예수 그리스도의 율법에 대한 가르침은 당시의 이스라엘 백성들이 생각하고 있는 것처럼 힘들고 무거운 멍에가 아니었던 것입니다. 바로 그러한 실제적인 예로써, 마태복음 12장에서는 곧장 안식일에 밀밭 사이로 가다가 예수님의 제자들이 밀 이삭을 잘라 먹음으로 시장함을 달랜 것과 관련한 바리새인들과의 변론이 기록되어 있는 것이지요.

◆ 마 12:11절에서 예수께서 "너희 중에 어느 사람이 양 한 마리가 있어 안식일에 구덩이에 빠졌으면 붙잡아 내지 않겠느냐"고 당연하게 말씀하신 근거는 무엇일까요? [273)]

◆ 눅 14:5절에서 예수께서는 동물이 위험에 처한 경우를 누구에게까지 연결하여 설명합니까? [274)]

요 14:15절에서 주님은 그의 제자들에게 이르시기를 "너희가 나를 사랑하면 나의 계명을 지키리라"고 말씀하셨습니다. 또한 21절에서도 이르시기를 "나의 계명을 지키는 자라야 나를 사랑하는 자니"라고 하셨고, 23절에서도 "사람이 나를 사랑하는 내 말을 지키리"라고 말씀하셨습니다. 뿐만 아니라 요 15:10절에서도 예수께서는 이르시기를 "내가 아버지의 계명을 지켜 그의 사랑 안에 거하는 것같이 너희도 내

계명을 지키면 내 사랑 안에 거하리라."고 계속해서 말씀하셨습니다.

그런데 이어지는 요 15:12절에서 예수께서는 그의 계명에 관하여 이르시기를 "내 계명은 곧 내가 너희를 사랑한 것같이 너희도 서로 사랑하라 하는 이것이니라."고 말씀하셨는데, 13절에서는 "사람이 친구를 위하여 자기 목숨을 버리면 이보다 더 큰 사랑이 없나니"라고 하시어서 친구와 이웃들을 진실로 사랑하라는 것이 그의 계명을 지키라 하신 것임을 말씀하셨다고 했습니다. 이에서 알 수 있듯이, 예수께서 율법[율법주의]의 멍에를 대신하여 지우시는 멍에와 짐은 쉽고 가벼운 것이니, 바로 우리를 위하며 진실로 돕는 것임을 알 수 있습니다. 무엇보다 15절 말씀은 기록하기를 "이제부터는 너희를 종이라 하지 아니하리"라고 하시면서 "너희를 친구라 하였노"라고 하셨으니, 13절에서 언급하고 있는 바가 고스란히 예수 그리스도께 적용되는 말씀임을 볼 수가 있습니다. 그런즉 사람이 친구를 위하여 자기 목숨을 버리므로 큰 사랑을 드러내듯이, 예수 그리스도의 짐과 멍에를 지고 그의 계명을 따르는 것은 결코 무거운 것이 아니라 쉽고 가벼운 것임을 알 수가 있습니다. 바로 그러한 가벼운 짐으로서, 안식일로서의 주일을 경건하게 할 의무가 통상적이고도 비상적인 봉사의 일이 허락되는 것으로 제시되어 있는 것입니다.

◆ 이제껏 살핀 안식일로서의 주일에 관한 교리문답을 통해 얻은 유익과 다짐들을 함께 나누어 봅니다.

The Sabbath's Sanctification.

Herein

I. The Grounds of the morality of the Sabbath.

II. Directions for sanctifying it.

III. Proofs that the Lord's day is the Christians Sabbath.

IV. Aberrations about the Sabbath.

V. Motives to sanctify the Sabbath.

By William. Gouge.

LONDON, Printed by G. M. for Joshua Kirton, and Thomas Warren, at their shop in Paul's Church-yard at the white Horse, 1641.

To the Reader.

Christian Reader, This Treatise of the Sabbath's Sanctification, hath in the private family of the Author, and in other families of his pious Friends been taught, and learned many years together. They who have been made partakers thereof, and made conscience of well using it, have found a singular help thereby for a comfortable and profitable passing through that day, which unto too too many seemeth very tedious, and (if at least they be under the Ministry or government of such as restrain them from those sensual works that satisfy the flesh) makes them complain, and say as the Jews of old did (Amos 8. 5.) when will the Sabbath be gone? But they who take notice of the variety of duties therein set down, and of their fit dependence one upon another, shall rather find want of time for a due performance of them, then superfluity. By care and conscience in aright observing of them, the Lord's day will prove an holy spiritual market day, wherein we may procure, week after week, such spiritual provision for our souls, as will nourish and cherish them unto eternal life. The very life of piety is preserved by a due sanctification of the Lord's day. They put a knife to the throat of religion, that hinder the same. Let such as desire and expect the blessed fruition of the eternal Sabbath to come, make conscience of well sanctifying the Christian Sabbath while here they live: for an help whereunto, this Treatise of the Sabbath's Sanctification is published. To it is added another Treatise about Apostasy: which two may fitly go together, because a conscionable sanctifying of the Lord's day will be an especial means to keep men from Apostasy.

THE SABBATH'S SANCTIFICATION.

1 Q. IS the Sabbath moral, or ceremonial?

A. Moral.

That is accounted moral, which (as a rule of life) bindeth all persons, in all places, at all times.

2 Q. How appears it to be moral?

A. 1 It was sanctified in Adam's innocency. Gen. 2. 2, 3. Adam in his innocent estate was a public person, and bore in his loins all man-kind: and that without distinction of Jew and Gentile. That therefore which was given to him in charge, appertained to all that in any age should come from him.

2 It is one of the ten precepts of the moral law. Ex. 20. 8. It is not an appendix to another precept: but an entire precept in itself. If it be abrogated, or made ceremonial, there are but nine precepts of the moral law: contrary to these express Scriptures, Exod, 34. 28. Deut. 4. 13. & 10. 4.

3 Q. Of how many hours doth the Sabbath day consist?

A. Of four and twenty. Gen. 2. 3.

The Sabbath is called the seventh day: so as it is a seventh part of the week: therefore, so many hours as make up every of the other days (which are four and twenty) must be accounted to this day.

4 Q. Are all those hours to be sanctified?

A. Yes. Exod. 20. 11.

The Lord rested the whole seventh day: and all the time wherein he rested he sanctified. Gen. 2. 2, 3.

43 Q. Is our Lord's day now the true Sabbath?

A. Yes.

44 Q. What grounds are there to prove it to be so?

A. 1. Divine authority.

This is the best ground that can be: even that which is sufficient to settle a man's judgement and conscience. Divine authority is that which is set down in the holy Scriptures, either by express precept, or by approved practice. This later is it which is most apparent in Scripture. For it is noted, that Christ's Disciples were assembled together the first day of the week (which is our Lord's day) and so again eight days after (John 20. 19, 6.) which [3] inclusively was the first day of the next week. It was also the first day of the week, when after Christ's Ascension they were with one accord in one place (Acts 2. 1.) and the Holy Ghost descended upon them in cloven tongues. Many years after that, it is noted of Christians, that on the first day of the week they came together to break bread (meaning Sacramental bread) and that Paul took that occasion to preach unto them (Acts 20. 7.) The manner of setting down their assembling together implieth their custom therein: which is yet more manifest (1. Cor. 16. 2.) where the Apostle adviseth them to take that opportunity of their assembling together, for laying up a stock to relieve such as were in distress. It is not set down as an act of one time, once only to be observed, but as a weekly act, to be observed every first day of the week. And why that day? Surely because of their great assembly whereby they might whet on one another, and their contribution be the more liberal: yea also because then was the time of observing God's Ordinances, whereby their souls must needs be incited to more bountifulness and cheerfulness therein. The title of the Lord's day, Rev. 1. 10. can be applied to no other day so well as to this. For by LORD, without all question is meant the Lord Christ (1. Cor. 8. 6.) It is an usual title given to him in the New Testament. Now what day can so fitly be applied to Christ, to have a denomination from him, and to be dedicated to the honor of his name, as the day of his Resurrection, whereon the Church so accustomed to meet together, as we heard before. On this ground, the first day of the week is styled the Lord's day, to this very day. Now this day being by the Church dedicated to the honor of the Lord Christ, John gave himself to holy devotion, and the Spirit took that opportunity on that holy day to shew him the divine revelations mentioned in that book.

45 Q. What other ground is there for our Lord's day?

A. The constant custom of Christ's Church.

From the Apostles' time hitherto hath the Church celebrated, as holy, the Lord's day, and that under this title, The Lord's day. Now the constant custom of the Church is not to be slighted. This Apostolical phrase (1. Cor. 11. 16.) If any man seem to be contentious, we have no such custom, neither the Churches of God, sheweth that the custom of the Church is a matter to be regarded.

46 Q. What third ground is there?

A. Christ's Resurrection which made all things new. 2. Cor. 5. 17.

This as it gives a ground for celebrating the day, so it shows the reason of altering it. Christ's resurrection gave evidence of his full conquest over death, the punishment of sin; and over him that had the power of death, the Devil: yea it gave evidence of a full satisfaction to the justice of God, and of a clear pacification of the wrath of God. In these respects, Christ is said to be raised again for our justification. Rom. 4. 25. For God's justice being satisfied, and wrath pacified, death and Devil being over-come, what can hinder our full redemption and justification.

This then is a work that far surpasseth the Creation: and much more deserveth a weekly memorial. Yea this greater work hath swallowed up the former, as the Temple did the Tabernacle (1. King. 8. 4.) And we that live after Christ's Resurrection are as much bound to the celebration of the first of the week, as they that lived before, to the last.

47 Q. What fourth ground is there?

A. The substance of the Law which requireth a seventh day.

The words of the Law are these, The seventh day is the Sabbath of the Lord. I deny not but that the Law hath a special relation to the first seventh day: but so as it was a memorial of that great work of Creation. When that was swallowed up with a greater, then the substance of the Law is to be observed in a sevenths day memorial of that greater work.

And it is observable, that the seventh which we celebrate is so ordered, as in the change no week had two Sabbaths, nor any week, as part of a week was without a Sabbath. Their Sabbath concluded their last week: and our Sabbath began our first week. The change could not have been so fit to any other day.

5 Q. How can all that time be sanctified?

A. 1. By observing things commanded. Jer. 17. 22.

2. By observing things permitted. Exod. 12. 16.

Duties commanded, by reason of God's supreme sovereignty must be done. They are so proper to the day, as in a right performing of them, the sanctification of the Sabbath consisteth.

Matters permitted, by reason of God's tender indulgency, having respect to our infirmity and necessity, may be done. And though the Sabbath be not properly sanctified in them, yet is it the better sanctified by them.

6 Q. What are the heads of Duties commanded?

A. 1. Duties of Piety. Luk. 4. 16.

2. Duties of Mercy. Mark. 3. 4. Isa. 58. 13.

Duties of Piety are such as immediately tend to God's honor, wherein and whereby he is worshipped: and withal they are such as directly tend to our spiritual edification. Wherefore the wise Lord, who affordeth us six days for secular and temporal affaires, seeth it meet that every seventh day should be set apart for divine and spiritual matters.

And because the works of our calling (wherein we are most employed in the six days) tend especially to our own profit, God will have us on his day to shew mercy to others that stand in need of our help. Many are the works of mercy which Christ did on Sabbath days, as appeareth, Mark. 1. 21, 25, 29, 34. & 3. 2, 5. Luk. 13. 10, 11. & 14. 1, &c. Joh. 5. 9. & 7. 23. & 9. 14.

7 Q. What kinds are there of works of Piety?

A. 1 Public. Act. 15. 21.

  2. Private. Act. 16. 13.

  3. Secret. Mar. 1. 35.

The several duties of piety which are comprised under these heads, are very helpful one to another, and cause the Sabbath to be more comfortably passed over, without any seeming tediousness, or wearisomeness.

8 Q. Where are public duties of piety done?

A. In the Church. 1 Cor. 4. 17. & 11. 20, 22, & 14. 19, 28. Heb. 2. 12.

Churches are public places, where many of several families meet together. There use to be most frequent assemblies to worship God. The doors of Churches use to stand open, for any that will to enter in. There the most solemn duties of piety are performed.

9 Q. By Whom are they performed?

A. 1 By the Minister. Act. 13. 16.

  2 By the People. Act. 20. 7.

  3 By all together. 1 Cor. 14. 24, 25.

A Minister on the one side, and people on the other, make up a true Church. The Minister is the mouth of God, in whose room he stands, to the people: and by reason thereof he declares out of God's word, God's will to the people.

A Minister is also the peoples mouth unto God: presenting their mind to God: which he doth for order sake. For if all should utter their own mind together, by their own several voices, what confusion would there be?

Yet are there also duties to be performed by the people jointly among themselves, but distinctly from the Minister: else that which the Minister doth will be in vain.

Yea there are also some duties wherein the Minister joineth with the people, and the people with the Minister, even in the same manner of performing them: as the particulars following will shew.

10 Q. What duties are done by the Minister?

A. 1 Reading the Word. Act. 13. 27. Col. 4. 16.

2 Preaching it. Luk. 4. 20, 21. Act. 13. 15.

3 Praying and praising God. 1 Cor. 14. 15, 16. Neh. 8. 6. & 9. 5. 6.

4 Administering Sacraments. Mat. 28. 19. & 26. 26. Act.

20. 11.

5. Blessing the people. Num. 6. 23.

In performing the two first (reading and preaching the word) and the two last (administering Sacraments, and blessing the people) the Minister stands in God's room, and is his mouth: but in the middlemost duty (praying to God and praising him) he is the people's mouth to God.

11 Q What duties are done by the people?

A. 1 Attending to the Word read and preached. Act. 10. 33.

2 Assenting to the prayers and praises. 1 Cor. 14. 16.

3 Partaking of the Sacraments. Mat. 3. 6. 1 Cor. 12. 13.

4 Saying AMEN, audibly to all. Neh. 8. 6.

If people attend not to the Word, it is like the seed sown in the way side, which the souls soon pick up, Mat. 13. 4, 19.

If they assent not to the prayers and praises, they are like those that draw near to God with their lips, but have their hearts far off. Mat. 15. 8.

If they partake not of the Sacraments, they cast themselves out of the communion of Saints. Gen. 17. 14. Num. 9. 13. Luk. 14. 24.

As for an audible pronouncing of Amen, if the [1] mind of

them that pronounce it, have been upon that which the Minister uttered, and their heart have given consent thereto, it compriseth altogether as much as the Minister hath uttered. This is the only warrantable means for people to utter their mind in a Congregation. It must therefore be uttered by everyone, altogether, so loud, as the Minister may hear their consent, as well as they hear what he hath uttered in their name. For the one is as requisite as the other.

12 Q. What duties of piety are done by Minister and people all together?

A. Singing Psalms. Mat. 26. 30.

Singing of Psalms was always used by God's people, not only in the Tabernacle, Temple and Synagogue of the Jews, but also in Christian Churches. Christ used it with his Disciples (Mat. 26. 30.) It is enjoined by the Apostle (Eph. 5. 19. Col. 3. 16.) and it was practiced by the primitive Church, (1. Cor. 14. 15, 26.) By this duty jointly performed by all, as our own spirits are quickened, so we quicken the spirits of others: and we are all made the more cheerful in serving God. On this ground they who are merry are enjoined to sing. Jam. 5. 13.

13 Q. Where are private duties of Piety done?

A. In a family or some other private place.

Herein lieth a difference betwixt performing public and private duties, that from the public none are excluded: but private are done by the mutual consent of a certain number: either of such as are under one roof (Josh. 24. 15. Act. 10. 2, 30.) or else of others that agree together for that end (Act. 16. 13.) By private meetings of such as are of the same mind and piously affected, Christians do bring much sweet consolation and mutual edification one to another: and the power and profit of public duties is much promoted thereby.

14 Q. What are private duties of Piety?

A. 1. Reading God's Word. 1. Tim. 4. 13.

2. Praying and praising God. Act. 16. 13.

3. Catechizing, Deut. 6. 7.

4. Repeating Sermons. Act. 17. 11.

5. Holy conference. Luk. 24. 14.

6. Singing Psalms. Act. 16. 25. Jam. 5. 13.

By a conscionable and constant performance of these private duties, a private house is made God's Church: and God will be there present, as he was in the house of Obed-edom (2.

Sam. 6. 12.) to bless them. Yea wheresoever two or three duly meet for such purposes, Christ by his Spirit will be among them. Mat. 18. 20.

In performing these, it is requisite, that someone of ability be as it were, the mouth of the rest, in reading the Word, praying to God and praising him, instructing in the grounds of Religion, which is catechizing, and repeating Sermons: and the governor of the family if he be able, is the fittest to perform those duties.

By such kind of duties of piety performed, as we can, before we go to Church, we are the better fitted to the public, and after we come from Church, by these will public duties be made the more profitable: yea by these, much of that time wherein we are absent from Church, is sanctified.

15 Q Where are secret duties of piety done?

A. In some secret place between God and one's self alone. Mat. 14. 23.

No place is exempted from secret duties, so as a Christian may be there alone, and none with him; In relation to such duties, thus saith the Lord, enter into thy Chamber, and when thou hast shut thy door, pray, Mat. 6. 6. Secret duties ought so to be performed, as none but God should know what we are about: so will thy soul be the more upright, and freed from hypocrisy and vain-glory: so will the duties bring the more comfort to the performers thereof.

16 Q. What are secret duties of Piety?

A. 1 Reading God's word. Act. 8. 28.

2 Praying and praising God. Mar. 1. 35. Act. 10. 9. Psal. 119. 164.

3 Meditating. Gen. 24. 63. Psal. 63. 6.

4 Examining one's self. Psal. 4. 4. 1 Cor. 11. 28.

The two former of these secret duties, are such as may be performed both in private and public: but the difference is in the manner of performing them. But the two latter (meditation and examination of one's self) are most proper to be performed in the most secret places that may be: because they are actions of the mind, and concern a man's own self in particular.

These secret duties of piety would especially be performed first in the morning, and last in the evening; that the Lord's day may be begun with them, (for a better preparation to the other duties) and ended with them, as a means of atonement for all our failings past. The forenamed secret duties are of excellent use to both those purposes.

They who are conscionable in performing all the fore-mentioned duties of piety, public, private and secret, shall find time little enough from their rising up to their lying down: so as they shall have no cause to complain of the many hours, or to say, they know not what to do, or how to spend their time: especially if to those sundry duties of piety, they add duties of mercy.

17 Q. What kinds are there of works of mercy?

A. 1 Such as concern the soul. Joh. 7. 22, 23.

2 Such as concern the body. Mar. 1. 29, 30, 31.

Man consists of two parts: Soul and Body, and both of them are subject to many maladies, and many necessities: we may therefore afford much succor, and shew much mercy one to another, both in soul and body.

18 Q. What are the works of mercy which concern the soul?

A. 1 Instructing the ignorant. 1 Cor. 12. 1.

2 Establishing the weak. Act. 20. 35.

3 Resolving the doubtful. Luk. 24. 38, 39.

4 Comforting troubled souls. Joh. 11. 31, & 14. 1. 2 Cor. 2. 7. 1 Thes. 5. 14.

5 Informing such as are in error. Mar. 22. 29. & Jam. 5. 19, 20.

6 Reproving the sinner. Mar. 8. 33. Luk. 3. 19. 2 Cor. 2. 6.

7 Every way edifying others. 1 Thes. 5. 11. Rom. 15. 2.

These in one respect may be accounted works of piety, namely as they are instructions, directions and reprehensions gathered out of God's word: but in another respect they are works of mercy, namely as they tend to the relief of our brother in regard of his spiritual distress and need of his soul. The matter of them makes them works of piety, the end whereto they tend makes them works of mercy.

There is therefore a double bond to tie us to a diligent performance of all these on the Lord's day, as we can find any occasion of doing them: one, the bond of piety: the other, the bond of mercy. Yea as the soul is more excellent then the body, and the good of the soul more necessary then the good of the body, so these works of mercy which so much concern the good of the soul, ought with more diligence to be done, then those which concern the good of the body: which yet we must not neglect. These we ought to do, and not leave the other undone.

19 Q. What are the works of mercy which concern the body?

A. 1 Visiting the sick, and such as are otherwise restrained of liberty. Mark. 1. 29, 30. Mat. 25. 36.

2 Relieving the needy with what they want. Isa. 58. 7. 1 Cor. 16. 2. Mat. 25. 35, 36.

3 Pulling out of danger such as are therein. Mat. 12. 11. Luk. 13. 16.

4 Affording all other seasonable succor. Mat. 12. 1, 4.

These may be so ordered, as none of the forementioned duties of piety need to be omitted for them. If Christians rise in any seasonable time, they may perform both private and secret duties of piety before they go to Church in the fore-noon: and if they spend not too much time at dinner, they may do the like before Church-time in the afternoon. And when they come from the after-noon public service of the Church, either before, or after, the like private duties of piety, they may do some of the fore-mentioned works of mercy: and those such as concern the body. If they prove such as hinder works of piety, they belong to works permitted, which are hereafter distinctly set down.

20 Q. Are not duties of piety and mercy to be done on other days also.

A. Yes. Act. 2. 46. 2 Tim. 4. 2. 1 Thes. 5. 17, 18. Prov. 3. 28.

God every day continues the same God: and answerably he is to be so acknowledged: and in testimony thereof divine worship is every day to be performed. Under the law they had their morning and evening sacrifices every day, Exod. 29. 38, 39. By duties of piety to God, are our secular affaires sanctified and seasoned. Every day therefore are they to be performed. And because every day the necessities of some or other require works of mercy, we must be ready every day to do them so far as we are able. The rules for shewing mercy are especially these three,

1 Our brother's necessity.

2 Our own ability.

3 God's opportunity: that is, the occasion which by the divine providence is offered unto us. Luk. 10. 33, 34.

1 John. 3. 17.

21 Q. Wherein lieth the difference betwixt doing works of piety on the Sabbath, and on other days?

A. They are on the Sabbath as meat: on other days as sauce. Numb. 28. 9, 10.

We use to fill our bellies with meat: and to eat as much as we can (I speak of such as eat for strength and not for gluttony) but we take a little sauce, no more then will give a relish to the meat, and sharpen appetite. So on the Sabbath we ought to do as many duties of piety thereon as conveniently we can. To secret duties, private must be added: to secret and private, public. The greater part of the Sabbath day must be spent in these. But it is sufficient on other days, to perform secret and private duties of piety, morning and evening, to season and sanctify the works of our calling thereby: and that by craving pardon of sin, assistance and blessing, and by giving praise to God, yea and by learning directions out of God's word. For which end, some part of the holy Scripture is to be read: and some opportunities are to be taken where they may be had, to hear Sermons on week days. But the greatest part of every of the six days is to be spent in the works of our calling, Exod. 20. 6.

22 Q. Wherein lieth the difference betwixt doing works of mercy on the Sabbath and on other days?

A. Opportunities for works of mercy, are to be sought on the Sabbath, and taken on other days, 1. Cor. 16. 2.

No Sabbath ought to pass over our heads wherein some work of mercy (if at least we be able) is not done. The time that we spare from duties of piety, and from a lawful refreshing of our bodies, ought to be spent in works of mercy. For which end it is requisite that we take due notice of such as are sick, or in prison, or otherwise restrained of liberty, or any way troubled and perplexed, and of such as are poor, and in want: yea if we know none such, to enquire after them, and to go to visit them, and comfort them, and relieve them. Where the Apostle enjoineth to lay up something in store every first day in the week (which is the Lord's day) he implies that that is a very fit season not only to do works of mercy which then are offered to us, but also to prepare on that day for other times.

Surely if everyone would every Lord's day lay something aside, as God hath prospered him, for a stock to give to the poor, much good might be done thereby. Thus will men have more to give: thus will they have in a readiness to give: (it being a sacred stock by their voluntary setting it apart to such an use, their conscience will account it sacrilege to lay it out any other way:) thus will they more cheerfully give, because the stock out of which they give is prepared beforehand: and thus will their benevolence on another day be a Sabbath-day's work, because it is out of the stock which on the Sabbath day was laid aside. If poor men that live on their day's labor, if servants that live on their wages would every Lord's day lay up some tokens or pence for this end, they might have, without any sensible damage to themselves a stock for the poor: how much greater store would be for the poor, if rich men according to God's blessing on them, would so do?

23 Q. What servile works are permitted on the Sabbath?

A. 1. Such as further the proper works of the Sabbath, Mat. 12. 3, 4, 5.

2. Such as hinder them, Mat. 12. 11.

Such is God's wisdom, as in all things that he requires, he affords all means that may further the same. And withal, such is God's tender respect to us, as he ordains and orders all things for our good. For our good, namely for the spiritual edification of our souls, he first ordained the Sabbath. The Sabbath was made for man, Mar. 2. 27. Therefore those ordinances wherein and whereby he is worshipped and honored, are the means of edifying and saving our souls.

But God did so aim at our spiritual good, as he would not on his day have the temporal good of our bodies neglected. If therefore our bodies stand in need of present succor, for the affording whereof duties of piety must be omitted, he suffers us to forbear the external works of piety: and thereby verifies that, which the Prophet of old testified (Hos. 6. 6.) and Christ once and again confirmed (Mat. 9. 13 and 12. 7.) I will have mercy and not sacrifice.

24 Q. What servile things may further the proper works of the Sabbath?

A. First, external rites about the performing of them, Levit. 24. 8. Num. 18. 9, 10.

Under the Law there were sundry rites which required much bodily labor that tended to that worship which God then required: as slaying sacrifices, flaying and cutting them in pieces, laying wood on the altar, and the sacrifices thereon, renewing the lamps, setting the shew-bread on the table:

and many other the like: concerning which Christ thus saith of the performers thereof, The Priests in the Temple profane the Sabbath and are blameless. Mat. 12. 5. that is, they do such things, as in other cases, not concerning the Worship of God, would be a profanation of the Sabbath. (If a butcher in his slaughter-house should so slay, flay, and cut beasts in pieces on the Sabbath, he would therein profane the Sabbath:) But in the case of God's worship they are no profanation, and therefore the performers thereof may justly be acquitted of all blame therein. Thus Church-Wardens, and Clerks may provide good Bread and Wine for the Communion, and Water for Baptism, and bring them to Church. Thus Collectors may receive, tell out, and distribute money to the poor. Thus Ministers may study for their Sermons. And other like works may be done that tend to the principal duties of the Sabbath.

25 Q. What other servile things may further the proper works of the Sabbath?

A. Such as our weak bodies do stand in need of. Exod. 12. 16. Mat. 12. 1.

Man by sin hath brought many infirmities upon his body. By them is he much disabled and hindered from performing good duties. The Lord therefore every way endeavoring with his goodness to overcome man's wretchedness, hath by his providence afforded him sufficient means to support and redress his infirmities. These means God is willing that man should use at all times, on all occasions, so far forth as may be needful and useful for him. The Lord is not like that cruel Tyrant who laid upon the Israelites, whom he held in hard bondage, [2] as much as they could do, if not more, and yet would not afford them ordinary means to do it. He rather will have his work intermitted, then man oppressed thereby.

26. Q. What are those particulars which our weak bodies do most need?

A. 1. Sleep. Eccles. 5. 12.

2. Food. Luke 14. 1.

3. Apparel. 2. Sam. 12. 20.

4. All other occasional helps. Mar. 2. 3, 4.

27. Q. Why is sleep requisite?

A. If we have not seasonable sleep the night immediately before the Sabbath (the latter part whereof, namely from midnight to the time we rise, is part of the Sabbath) the duties of the day will be so drowsily performed (if at all they be performed) as they cannot be acceptable to God, nor advantageable to our spiritual edification. Sleep doth much refresh our drowsy bodies, and cheer our dull spirits: and so make us much better perform the duties of the Sabbath. Therefore, sleep is said to be sweet, Eccles. 5. 12.

28 Q. Why is food needful?

A. Food is of special use to refresh the body and quicken the spirit, if it be seasonably, and moderately taken. Many men's spirits will be ready to faint if they be not in due season refreshed with convenient food. Christ therefore on the Sabbath took his ordinary repast, Luke 14. 1. and made an apology for his Disciples refreshing themselves on that day, Luke 6. 1, &c. yea he sheweth that such mercy ought to be afforded to Beasts. Luke 13. 15.

29 Q. To what use is apparel?

A. Apparel also is needful and useful for refreshing the body, and for comeliness. It keepeth the body warm, it covereth our uncomely parts. Then especially are we to make ourselves comely when we go into great assemblies: and greatest assemblies use to be in Churches, on the Lord's day. Of old they were wont to put on their best apparel when they went to the House of God (2. Sam. 12. 20) unless it were a time of humiliation, Exod. 33. 4, 5.

30 Q. What other helps are there?

A. There are sundry other helps, which occasionally arise from sundry accidents. As in case of lameness, or weakness of limbs by gout, spraining, or any other means, it is a great help to be carried to Church: and that carrying may prove to the bearers a laborious work: So where the Church is remote, the help of horse and coach by land, and boat by water is needful. It appears that many brought such friends to Christ as could not come of themselves, on the Sabbath, Mar. 1. 32. & 2. 3.

31 Q. How do the fore-mentioned means further duties of piety?

A. By enabling us the better to do them, Psal. 104. 14, 15.
   We heard how they refresh our bodies, cheer our spirits, and support, yea and redress our manifold infirmities: thereby they enable us to do the things which we take in hand the more cheerfully, and steadily, and thereby further the same.

A man that hath a long journey to ride, by resting some-time in an Inn, by taking repast himself, and giving his horse provender, enableth himself and horse to go further then other-wise they could: and so doth further his journey. Though in baiting he doth not travel, or go any whit of his way, but abide in his Inn, yet he helpeth forward his journey, and shall by that means better come to the end thereof. Even so, though in doing those servile things which are needful for our bodies the Sabbath be not properly sanctified, yet by them the sanctification thereof is furthered, in that the services tending thereto, are thereby better performed.

32 Q. What cautions are to be observed, for well using these on the Sabbath day?

A. First, no more time then needs, must be spent on them, Exod. 34. 4.

The Lord testifieth his respect to us, in affording us liberty to use the things whereof we stand in need: and time convenient therein to use them. It becometh us therefore to testify our respect to God, by giving to him and his service as much time as we can: and not to abuse his indulgency by spending on ourselves more time then is needful. Wherefore having had quiet rest in the night, we ought to rise betimes in the morning, and to be quick and speedy in attiring ourselves, that we may have the more time to serve God on his day. The like must be done by servants in the needful services which they do. So in sitting at table to eat meat, we must use all convenient speed. To rise the sooner from bed and table, and to do all needful servile works the more speedily, because it is the Lord's day, argueth a good respect to God and his service.

33 Q. What other caution is to be observed?

A. Such servile works as are permitted on the Sabbath must be performed as Sabbath days' works.

Such respect must be had to this sacred time, as we ought to endeavor to turn all things, so far as we can, to a sanctification of that day.

34 Q. How may they be so done?

A. 1. With due respect to the end.

2. With like respect to the manner.

The end and manner make much to the qualifying of that we do. An evil end and manner much pervert the things we do:

but a good end and manner add much to the glory of warrantable things.

35 Q. What is the end to be aimed at?

A. To be better enabled to works of piety. 1. King. 19. 7.

This end (especially if indeed we do the better what we are enabled to do, which is the right use and proper effect of the end) this end maketh servile works to become Sabbath works. For instance, if going to bed the evening before the Sabbath, we pray to have quiet rest for this end that we may more cheerfully do the duties of the Sabbath, that sleep is a Sabbath sleep: so to eat and drink for that end is a Sabbath eating and drinking. So in other things.

36 Q. After what manner must they be done?

A. With raising matter of spiritual meditation from them. Luk. 14. 7.

On the Lord's day our mind ought to be so heavenly, as thereby everything should be done after an heavenly manner: not only works of piety, but also every other work that we do thereon, should be so done. When we first wake, we should call to mind what day it is, and desire God to sanctify us to the duties thereof. Rising out of bed, should bring to our mind the first resurrection out of sin, and the second out of the grave. In appareling ourselves, we should meditate on the adorning of our souls. In washing face and hands, think on the cleansing of our souls. Servants in making and blowing the fire, should thence take occasion of stirring up the fire of God's Spirit in them. In preparing meat, they should think of the food of their souls. There is nothing which may lawfully be done, from which a pious mind may not draw matter of heavenly meditation: whereby the things from which meditation is drawn, are sanctified.

37 Q. May servile works be done on the Sabbath, though they hinder duties of piety?

A. Yea. Mat. 12. 7.

God doth not so strictly tie us, as fall what will, or can fall out, we must go to Church. This phrase, not sacrifice (Hos. 6. 6.) implieth that there may be cases, wherein God doth not expect sacrifices, that is, external duties of piety to be performed by us.

38 Q. What are those servile works which may be done though

they hinder duties of piety?

A. Such as are of an absolute necessity.

This absolute necessity hath relation to mans need: namely, that it is necessary that such and such things be done, or else some great damage or prejudice will come to man.

39 Q. How may that absolute necessity be known?

A. If that which must needs be done could not be done the day before, nor can be put off to the day after.

This implies a necessity of the present performance, even upon the Sabbath day. This first is laid down as a ground, that it must needs be done: then it is taken for grant, that it could not be done the day before, and also, that it cannot be put off to the day after: therefore, it remains that it must be done on the Lord's day. For instance. A tile falls on a man's head and sorely wounds him on the Lord's day. It is necessary that succor be afforded to this man. The day before nothing could be done for his cure, because no man knew he would be hurt. Succor must not be put off to the day after, least the man perish for want of succor. Such therefore as are able to help him, must do it, though thereby the duties of piety be hindered. Note for this purpose, Joh. 7. 23.

40 Q. Of what sorts are those works of absolute necessity?

A. 1. Ordinary.

  2. Extraordinary.

  Ordinary are such as for the most part happen every Sabbath:
  and some-where or other are performed on that day.

  Extraordinary are such as may fall out, and sometimes do fall
  out: but very seldom: and it is a lamentable accident when
  any of them do fall out.

41 Q. What instances may be given of ordinary servile works
      which hinder duties of piety?

A. 1. Tending young children.

  2. Keeping sick and impotent persons.

  3. Helping women in travel.

  Most families have some young children which cannot look to
  themselves nor be brought to Church without disturbance of
  the whole Congregation.

  Very oft it falls out in every City and Towne that some be
  sick, or otherwise impotent by age, or some casualty, so as
  they cannot go to Church, but require some to tarry with
  them, and to attend upon them. And in what day of the year
  doth it not fall out that some women in one place or other fall

in travel? If every day, then also every Lord's day. But it is requisite that more than one or two assist them in their travel. All these therefore are ordinary servile works whereby some are kept from duties of piety, and yet are blameless. Instance Hannah who tarried from the Temple till her child was weaned (1 Sam. 1. 22.) and was blameless.

42 Q. What instances may be given of extraordinary servile works which hinder duties of piety?

A. 1. Quenching fire on houses.

2. Making up breaches of water.

3. Withstanding enemies.

4. Freeing living creatures out of present danger.

The three first of these concerning Fire, Water, and Enemies, are so violent, that if present help be not afforded against them, irrecoverable damage may soon follow thereupon. If therefore, in any cases that rule hold, mercy and not sacrifice (Hos. 6. 6. Mat. 12. 7.) most of all in these.

As for freeing living creatures out of danger, we have Christ's express warrant, Mat. 13. 11. Luke 14. 5. If unreasonable creatures are instantly to be pulled out of danger, much more reasonable. Luk. 13. 15, 16.

By these particulars which are permitted, we may see, that a conscionable observing of the Sabbath is not so heavy a yoke, as many imagine it to be. ⋯(syncopation)

해 답

1) 태초에 아담 때부터입니다.

2) 두 가지 즉, 행할 것과 행하지 말아야 할 것입니다.

3) 행하지 말아야 할 것입니다.

4) 행하지 말아야 할 것입니다.

5) "의식법"으로 분류됩니다.

6) 아닙니다. 지금은 폐지됐습니다.

7) 없습니다.

8) 구약적인 의미에서는 폐지되었으나, 그 도덕법적 의미에서는 존속합니다. ※제네바 교리문답 제168문답에 따르면 "안식의 준수(구약의 안식일 규례)는 옛 의식의 한 부분이므로 그리스도께서 오심으로 철폐되었"습니다. 그러나 그 계명에는 세 가지의 의미가 내포되어 있으니 "영적인 휴식으로서, 교회적 예배제도의 보존, 종들의 위안을 위함"(제네바 교리문답 제171문답) 등의 의미가 내포되어 있어, 이런 의미에서는 여전히 존속하는 것입니다.

9) 그렇습니다.

10) 그렇습니다.

11) "그것은 도덕적인 것으로 간주되는데, 모든 시대에, 모든 장소의, 모든 사람들을 (삶의 규칙으로서) 결속시키는 것"이라고 했습니다.

12) 그렇습니다. 안식일의 제정은 원래 모든 피조 된 자들에게 동일한 것이었습니다.

13) "첫 사람"이라 칭했습니다.

14) "살려 주는 영"이라 한 것에서 알 수 있는바, 예수 그리스도이십니다. 더욱이 20절에서 사도는 "그리스도께서 죽은 자 가운데서 다시 살아나사 잠자는 자들의 첫 열매가 되셨"다고 했습니다.

15) "흙에 속한 자"들과 "하늘에 속한 자"들의 대표로 말합니다.

16) 아닙니다. 창세기 1-2장은 아직 타락하기 전 인류에 대해 말하고 있습니다.

17) 타락하기 전입니다.

18) 그렇습니다. 고전 15:45절은 창 2:7절의 "생령이" 되었을 때의 아담을 가리켜 "첫 사람"이라고 칭했습니다.

19) 그렇습니다.

20) 정확히 그렇습니다.

21) 그렇습니다. 그 날은 특별히 "복되게 하사 거룩하게 하셨"습니다.

22) "하나님이 그 창조하시며 만드시던 모든 일을 마치고 그날에 안식하셨음"으로 인해 복되고 거룩하게 되었습니다.

23) "일곱째 날에 쉬었음이라"고 했습니다.

24) 하나님이십니다.

25) 그렇습니다.

26) 아닙니다. 안식 후 첫날인 '주의 날'로 바뀌었습니다.

27) "신적 권위"라고 했습니다.

28) 그렇습니다. 창 2:1-3; 출 20:8 참조

29) "교훈으로" 표현되기도 하고 실제로 실행되기도 했습니다.

30) "매주 첫날", 곧 주의 날입니다.

31) "매주", 즉 반복적으로 행해졌습니다.

32) "주"(헬" 퀴리오스)입니다.

33) 주님이신 예수 그리스도의 날입니다.

34) 사도신경은 교회의 공적인 신앙고백으로써, 기독교 복음의 본질적인 진리를 잘 요약하고 있기 때문입니다.

35) 신앙상의 전통으로 계승하는 것입니다.

36) 그리스도의 교회에 지속된 관습(규례)입니다.

37) 없습니다.

38) 안식교(Seventh-day Adventist Church)입니다. 그들은 유대교와 마찬가지로 여덟 번째 날인 주님의 날이 아니라, 일곱 번째 날을 안식일로 규정하여 지키고 있습니다.

39) 뱀의 간계입니다.

40) 뱀의 머리를 상하게 할 것입니다.

41) "그리스도 안에 있으면 새로운 피조물이라"고 했습니다.

42) "세상을 자기와 화목하게 하시며 그들의 죄를 그들에게 돌리지 아니하시고 화목하게 하는 말씀을 우리에게 부탁하셨느니라."고 했습니다.

43) '죽음'[사망]입니다.

44) "그리스도 예수 우리 주 안에 있는 영생"이라고 했습니다.

45) "그리스도께서 죽은 자 가운데서 살아나셨"으므로입니다.

46) "안식 후 첫날", 곧 주일(Lords day)입니다.

47) "여호와의 궤와 회막과 성막 안의 모든 거룩한 기구들"입니다.

48) 주님의 날이 안식일을 대치하게 될 것을 예표하는 것으로 설명합니다.

49) 일곱째 날의 안식일을 준수하는 맥락 그대로, 여덟째 날인 주님의 날에 매여야 함을 설명하는 것입니다.

50) "일곱째 날"입니다.

51) "창조의 위대한 일들을 기념하는 것과 연관된다."고 했습니다.

52) "마음을 다하고 목숨을 다하고 뜻을 다하여 주 너의 하나님을 사랑"하는 것입니다.

53) "네 이웃을 네 자신같이 사랑하라"는 말씀입니다.

54) "서로 사랑하라"는 것입니다.

55) "그들의 지난 주간을 끝내는 날"이라고 했습니다.

56) "우리의 한 주를 시작하는 날"이라고 했습니다.

57) "명령"으로 주어졌습니다.

58) "너희 집에서 짐을 내지 말며 어떤 일이라도 하지 말"라고 했으니, 행하지 말라는 것입니다.

59) 사람의 휴식입니다. 특히 부리던 짐승과 종, 그리고 나그네와 같이 보살핌과 도움을 받아야만 하는 사람들에게 자비로운 휴식을 제공하는 것이 바로 안식일을 거룩히 하라는 명령인 것입니다.

60) 안식일을 기억하여 거룩히 지키라는 명령은 사람에게 복과 위로

가 되는 것이지, 무거운 짐이 되는 것이 결코 아니라는 것입니다. 사람이 안식일을 기억하여 지키는 것으로 말미암아 그 날이 거룩하게 되는 것이 아니니, 오히려 그 날의 거룩함으로 인해 사람이 안식(쉼)할 수 있는 것임을 알게 합니다.

61) 아닙니다. "각자의 먹을 것만 갖출 것이니라"는 말씀에서 알 수 있듯, 일부 허락된 일들이 있습니다.

62) "성경을 읽으"시는 일이었습니다.

63) 아닙니다. 본문은 그 일에 대하여 "안식일에 늘 하시던 대로" 하신 일이라고 기록하고 있습니다.

64) "그(예수 그리스도)를 증언하고 그 입으로 나오는 바 은혜로운 말을 놀랍게 여"기게 되는 일이 벌어졌습니다. 즉 그들의 영적인 성장에 직접적인 자극을 주시는 교훈이 설명되었던 것입니다.

65) 성경의 말씀을 설명하는 것을 듣는 일이었음을 알 수가 있습니다.

66) 더러운 귀신 들린 사람에게서 귀신이 나오게 하셨습니다.

67) 할례입니다. 아브라함 때부터 시행되었던 할례는 특히 난지 8일 만에 시행하도록 되어 있었는데, 할례를 받아야 할 때가 안식일과 중복될 경우에는 안식일이라도 시행토록 한 것을 언급한 것입니다.

68) 안식일에 회당에서 "한쪽 손 마른 사람"의 손을 온전하게 회복되게 하신 일인데, 그것은 4절에서 언급하는바 "안식일에 선을 행하는 것"이요 "생명을 구하는 것"입니다.

69) 공적인 경건의 일을 행했던 것을 말합니다. 즉 회중으로 모인 가

운데서 회당(예배당)에서 사역자에 의해 모세오경이 전해지는 형태의 공적인 경건의 일을 수행했음을 언급하는 것입니다.

70) 그렇지 않습니다. 행 15:21절에 언급한 것처럼, 공적인 회중으로 모일 회당이 없으므로 일정한 수의 사람들이 합의에 의해 모임으로서 사적인 경건의 일이 수행된 곳입니다.

71) 은밀히 기도하는 경건의 의무를 수행하셨습니다.

72) 주일을 성수하는 것이 예배당에서 공적으로 드리는 예배가 전부가 아니며, 자선의 의무를 포함하여 개인적으로도 은밀히 경건의 의무를 수행함으로서 비로소 온전히 이뤄지는 것을 알 수 있습니다. 바로 그러한 모습으로서의 주일성수가 바로 24시간 주일성수인 것입니다.

73) 그렇습니다. 본문에서는 일차적으로 장소적 의미로서 "교회"를 언급하고 있습니다.

74) "가르치는 것"입니다.

75) "주의 만찬"을 나누는 것입니다.

76) 함께 모이는 곳입니다.

77) "회중"이라고 했습니다.

78) "목사"로서입니다.

79) "말씀"을 강론하는 것이었습니다. 그러므로 안디옥의 회중들은 다음 안식일에도 말씀을 강론해주도록 바울에게 요청한 것입니다.

80) "떡을 떼려" 한 것, 곧 "성찬"이었습니다.

81) 예, 그렇습니다.

82) 그렇습니다. 특히 행 13:16절에서 사도 바울은 장로인 회당장의 인도 가운데서 말씀 사역자로서의 직임을 수행한 것인데, 당시에는 고정된 말씀 사역자가 없이 몇몇 사역자들이 순서에 따라 말씀을 전했던 것으로 볼 수 있습니다.

83) 그렇습니다. 고린도전서 14장에서 말하는 "예언"이란 하나님의 말씀인 성경의 가르침을 말하며, 그것은 누구나 사모해야(19절) 함에도 예배 시에 행하는 예언은 사역자들에 의해 질서 있게(순서대로) 해야 함(29절)을 말하므로, 나머지 모든 성도들과 여자들은 잠잠하라고 한 것입니다.

84) 그렇습니다. 성도들도 말씀을 가르치는 일로 "믿지 아니하는 자들이나 알지 못하는 자들"이 책망을 받아 하나님께 경배하도록 하는 것이 마땅함을 본문 가운데서 알 수가 있습니다.

85) 그 편지를 "읽은 후에 라오디게아인의 교회에서도 읽게" 하도록 했습니다.

86) 예배 때에 읽음(낭독함)을 말합니다.

87) 말씀을 가지고 설교하시고 가르치시는 일을 수행하셨습니다.

88) 율법과 선지자의 글(구약 성경)을 통해 회중에게 설교하라는 것입니다.

89) "사람이 떡으로만 사는 것이 아니요 여호와의 입에서 나오는 모든 말씀으로 사는 줄을 네가 알게 하려 하심이니라."고 했습니다.

90) "이것은 너희를 위하여 주는 내 몸이라 너희가 이를 행하여 나를

기념하라."고 하셨습니다.

91) 주님 자신이십니다.

92) 사도들입니다.

93) 주의 제자들, 곧 사도들입니다.

94) "아론과 그의 아들들" 즉, 제사장들입니다. 그런즉 그들이 제사하는 중에 이스라엘 자손을 위하여 축복했던 것입니다.

95) 아닙니다. 그 본문들은 신약시대 목회자들의 축복의 메시지(축도)로서, 그 서신들이 고린도에 있는 교회와 데살로니가에 있는 교회 등 여러 교회들에서 예배 가운데 회람되어 읽히던 축도로서의 의미를 담고 있습니다.

96) 교회로 모이는 가운데, 특히 예배 가운데서입니다.

97) "다 주목하여 보더라"고 했으니, 그 말은 곧 예수께서 읽는 성경 구절과 그에 대한 말씀을 귀 기울여 들었다는 말입니다.

98) "주께서 당신에게 명하신 모든 것을 듣고자 하여 다 하나님 앞에 있나이다."라고 했으니, 베드로 사도가 전하는 말씀(설교)를 성실히 경청했음을 알 수 있습니다.

99) 좋은 땅에 떨어져 백 배, 육십 배, 삼십 배 결실하는 것과 같습니다.

100) 기도와 찬양에 "아멘"으로 화답하여 동의했음을 깨닫게 합니다.

101) "덕 세움"을 받는다는 말입니다.

102) "그들 중에서 지혜자의 지혜가 없어지고 명철자의 총명이 가려지리라"고 했으니, 한마디로 모든 계시의 인도가 사라지게 되는

것입니다. 즉 하나님의 말씀의 사역자들인 선지자와 선견자들이 사라짐과 같이, 계시의 인도를 전혀 받지 못하는 결과를 초래하는 것입니다.

103) 함께 모여서 주의 만찬에 참여하지 않은 것을 비판했습니다.

104) 이런 저런 핑계로 잔치(하나님의 나라에서 떡을 먹는 복된 잔치)에 참여하지 않았기 때문입니다.

105) 손을 들고 아멘 아멘 하고 응답하고 몸을 굽혀 얼굴을 땅에 대고 여호와께 경배했습니다.

106) 그렇습니다.

107) 시편송과 시편의 내용을 담은 노래들(대표적으로 눅 1:46-55, 68-79; 2:29-32절의 노래들)을 말합니다. "psalms and hymns and spiritual songs"(RSV)

108) 시편송을 말합니다. "찬미하고"라고 번역되어 있는 문장을 영어 성경(RSV)에서는 "sung the hymn"이라고 했고, 헬라어에서도 '휨네오'라고 표기하여 그것이 시편송을 부르는 것이었음을 분명히 알 수가 있습니다.

109) '예언'(prophesy)을 말합니다.

110) 시편입니다. 시 105:1-15; 96:1-13; 106:47-48절을 인용한 내용입니다.

111) 기쁨과 활기, 그리고 놀라운 능력 가운데서 하나님을 찬미(찬송)함입니다.

112) 그렇습니다. 고린도전서 14장은 전체적으로 교회에서의 질서를

말하고 있는데, 그 맥락은 전체적으로 다른 사람에게 덕을 세우는 데에 있음을(17절) 알 수가 있습니다.

113) 가정, 즉 집 안에서 모이던 것을 언급하고 있습니다.

114) "문 밖 강가"의 어떤 장소입니다. 바울 일행은 안식일에 기도하며 예배하기 위해 회당을 찾는 것이 마땅하지만, 빌립보에는 회당이 없었기 때문에 빌립보에 살던 몇몇 유대인 여인들이 강기테스 강가에 모여 기도하는 것을 발견하여 그들과 그 곳에서 기도하며 복음을 전하는 예배를 드릴 수 있었던 것입니다.

115) 문답에서 말하는바 "한 집[가정]과 같은 곳, 혹은 모두가 동의한 어떤 장소"입니다.

116) "아주 행복한 위로를" 얻으며, 또한 "상호간에 서로를 교화할 수 있다"고 했습니다.

117) "공적인 의무에 있어서의 역량과 의무가 더욱 증진된다."고 했습니다.

118) "읽는 것과 권하는 것과 가르치는 것"입니다.

119) 일차적으로는 "읽은 것" 곧 성경을 읽는 것입니다. 그러나 부가적으로 "권하는 것과 가르치는 것" 또한 사적인 경건의 의무의 내용에 포함될 수 있습니다.

120) 기도하기 위해, 특히 사적인 경건의 의무를 행하는 자들이었습니다. 당시에 빌립보에는 유대인들이 아주 적었기 때문에 아직 '회당'이 세워지지 않은 지역이었습니다. 그러므로 회당에서의 공적인 경건의 의무를 수행하는 대신에 여인들이 사적인 경건의

의무를 위해 동의하여 모인 장소에서 기도와 더불어서 경건의 의무를 행하려 했던 것이지요.

121) "설교를 되뇜"입니다. 그들은 설교를 듣고 설교의 내용을 성경과 함께 다시 되뇔 정도로 간절한 마음으로 설교를 들었던 것("말씀을 받고")입니다.

122) "교리문답을 행함"입니다. 구약시대로부터 유대인들이 자녀들에게 토라(성경)를 가르치는 유익한 방법이 바로 교리문답을 작성하여 물어보고 답하는 것, 곧 교리문답이었습니다.

123) 13절에서 언급하는바 "엠마오라 하는 마을로 가면서" 벌인 이야기를 말하는데, 특히 "그날에"라는 말씀은, 눅 24:1절에 기록한바 "안식 후 첫날" 곧 주일을 가리킵니다.

124) "이 모든 된 일"인데, 그것은 앞서 눅 24:9절에 기록된 "이 모든 것"으로서, 그것은 바로 "갈릴리에 계실 때에 너희(제자들)에게"(6절) 말씀하신 것들, 곧 "인자가 죄인의 손에 넘겨져 십자가에 못 박히고 제삼 일에 다시 살아나야 하리라."(7절)고 말씀하신 것을 말합니다.

125) 유대인들이 전통적으로 구약시대부터 불러오던 시편찬송을 말합니다. 특별히 바울과 실라가 기도하고 하나님을 찬송한 "한밤중"은, 앞서 13절에서 알 수 있듯이 "안식일"이었습니다. 즉 안식일에 행할 사적인 경건의 의무를 행하고자 한밤중에 바울과 실라는 구약시대로부터 행해왔던 예배의 틀 가운데서 거룩한 안식일을 성수했었던 것입니다.

126) "하나님의 교회"가 된다고 했습니다.

127) "개인의 가정"을 포함하는 말입니다.

128) '가장' 입니다. 특히 가정에서 이뤄지는 경건의 의무를 수행함에 있어서 가장의 의무 수행이 가장 적합합니다.

129) "공적인 예배에 더욱 적합하게 된다."고 했습니다.

130) "설교를 되뇜"에 의해서입니다.

131) "기도하러……혼자" 따로 산에 오르셨습니다. 본문에 직접적인 언급은 없지만, 이러한 예수님의 행적은 정기적으로 행하는 경건생활이었을 것입니다.

132) "우리가 무엇을 하려는지 누구도 알지 못하고 오직 하나님께서만 아시는 그러한 방식이어야" 한다고 했습니다.

133) 먼저 "그의 영혼이 더욱 고양"되며, 또한 "위선과 헛된 영광으로부터 자유롭게" 되며, 아울러 그로 말미암아 더욱 위로를 얻게 될 것이라고 했습니다.

134) "선지자 이사야의 글" 곧 이사야서를 읽고 있었습니다.

135) "주를 찬양하나이다."라고 했습니다.

136) "기도하려고 지붕(한적하고 혼자인 장소)"에 올라갔다고 했습니다.

137) "침상에서", 또한 "밤중에" 묵상했노라고 했습니다.

138) "자기를 살피"라고 했습니다. 살핀다는 것은 자기를 시험 또는 검사한다는 의미로서 자기가 성찬에 참여하기에 적절한지를 스스로 시험하고 검증해 보는 것을 말합니다.

139) 묵상과 자신을 살피는 것입니다.

140) 정신적인 활동일 뿐 아니라 특별히 자기 자신에 관한 것이기 때문입니다.

141) 지난 허물을 속죄함과 여타의 경건의 의무들을 보다 더 잘 준비하기 위한 목적입니다.

142) 일상적인 일들이 아니라 안식일로서의 주일에 합당한 일들을 행하라는 의미입니다.

143) 경건의 공적인, 사적인, 은밀한 의무들과 아울러 자비의 의무까지입니다.

144) '영'에 관한 일들과 '몸'에 관한 일들입니다.

145) "사람의 전신을 건전하게" 하셨다고 했습니다.

146) 그것이 구약시대의 할례와 비견되고 있기 때문입니다. 구약시대의 할례는 단순히 신체의 위생을 위한 것이 아니라 언약의 백성으로서의 예식으로서, 그것을 받는 자에게 영적인 축복의 의미를 담고 있는 것입니다.

147) 시몬(베드로)의 장모의 열병을 고쳐 주셨습니다.

148) 그렇습니다. 본문에서는 어떠한 영적인 암시나 대입이 없이 순전히 병자를 고치시는 그리스도의 사역들을 기록하고 있습니다.

149) "신령한 것"에 대하여 알기를 원한다 했습니다.

150) "약한 사람을 돕"는 것입니다.

151) "마음에 의심이 일어"난 것을 해소해 주심입니다.

152) "안식 후 첫날"(눅 24:1)입니다.

153) 곤란에 처한 사람을 위로하는 것입니다.

154) 오류에 빠져 있는 자들을 바르게 가르치는 것입니다.

155) "사람의 일"이 아니라 "하나님의 일", 곧 영적인 것에 관계된 자비에 속하는 일이기 때문입니다.

156) 그것들이 우리의 형제들을 그들이 처한 영적 곤경과 그 영혼의 필요를 채워주려는 경향을 지니기 때문입니다.

157) "경건의 결속"과 "자비의 결속"입니다.

158) "영혼의 선행"과 "육체의 선행"입니다.

159) "영혼의 선행"이 더욱 열심히 수행되어야 하지만, 또한 "육신의 선행"도 결코 게을리 해서는 안 된다고 했습니다.

160) 시몬과 안드레의 집에 들어가 열병에 걸린 시몬의 장모를 방문하는 일이었습니다.

161) 고전 16:1절에 언급한바 "성도를 위한 연보", 즉 구제를 위한 연보였습니다.

162) 자기의 소나 나귀를 풀어내어 이끌고 가서 물을 먹이는 일입니다.

163) 열여덟 해 동안 사탄에게 매인 바 된 여자("아브라함의 딸"이라 부르심)를 그 매임에서 푸는 일입니다.

164) 긴급하게 행해야 할 것으로 여기셨습니다.

165) 형제 혹은 이웃들에게 필요한 것들을 공급하고 만족시키는 것을 말합니다.

166) 우리 자신에게 부여된 능력에 따라 형제들과 이웃들에게 자비를

행하는 것입니다.

167) 자비를 베푼 선한 사마리아인의 비유 가운데서 그 사마리아인이 "거기 이르"게 된 것은 자신에게는 우연적인 일이지만, 하나님의 섭리에 있어서는 '기회'로서 일어난 일입니다. 아울러 34절에서 그 사마리아 사람은 자신이 지닌 재능, 즉 응급처치에 대한 지식으로서 "기름과 포도주를 그 상처에 붓고 싸매"는 조치를 취했으니, 한마디로 그는 하나님의 섭리 가운데서 자신의 재능을 따라 형제의 필요를 공급하는 자비의 의무를 수행했던 것입니다.

168) 일 년 되고 흠 없는 숫양을 매일 두 마리씩 상번제로 드리라는 것입니다.

169) 아침에 일 년 되고 흠없는 어린 양 한 마리를, 저녁에 또 한 마리를 드리도록 되어 있습니다.

170) 일 년 되고 흠 없는 숫양 두 마리와 고운 가루 십 분의 이에 기름 섞은 소제와 그 전제를 드리도록 했습니다.

171) 그렇습니다.

172) 아닙니다. 오히려 "네 모든 일을 행할 것"이라는 말씀에서 알 수 있듯이, 경건의 의무 외에 생업과 일상의 일들 모두를 행하라는 것입니다.

173) 일차적으로 그것은 성경적으로 바람직한 생활패턴이라 할 수는 없을 것입니다. 십계명을 기록한 출 20:6절에서 하나님은 "나를 사랑하고 내 계명을 지키는 자에게는 천 대까지 은혜를 베푸느니

라."고 말씀하셨는데, 그 말씀은 "엿새 동안은 힘써 네 모든 일을 행할 것"이라는 9절 말씀과 함께 있는 말씀이니, 성경적인 생활패턴은 육일 동안 일상의 생활을 하고, 안식일인 주일에는 구별하여 더욱 경건의 의무에 힘쓰는 생활이라 하겠습니다.

174) 경건의 일들을 수행하는 가운데서입니다.

175) 새벽 기도회의 경우에는 사실 경건의 은밀한 의무에 가깝다 하겠습니다. 그러므로 새벽 기도회는 각 가정에서 개인적으로 수행할 수 있다면 더욱 좋을 것입니다. 더욱이 현대의 신앙생활에서 매우 취약한 개인과 가정에서의 측면을 이 문답에서 강조하고 있기 때문입니다. 아울러 수요예배의 경우에는 "은밀하고 사적인 것들만 아니라 공적인 의무들도 더하여서 행해야 한다."고 한 설명을 따라, 타당한 것이라 하겠습니다.

176) "죄의 용서와 도우심, 그리고 축복을 간절히 구하고, 아울러 하나님을 찬양하고 하나님의 말씀으로 지도를 받는 것"입니다.

177) "성경의 어떤 부분을 읽"는 것입니다.

178) 가난한 성도들을 돕기 위한 연보를 말합니다. ※갈 2:10절에서 알 수 있듯이, 당시에 예루살렘 총회에서는 예루살렘 지역의 가난한 성도들을 위해 여러 지역에서 연보를 하도록 결정했던 것입니다.

179) "매주 첫날" 곧, 현재의 '주일'(Lord's day)입니다.

180) 주 중에 수입에 따라 일부를 정하여서, 즉 십일조에 해당하는 연보를 모아 두라는 말입니다.

181) 사도 바울이 방문할 때에 비로소 연보를 준비하도록 하지 말고 "성도를 위하는 연보", 즉 구제헌금을 평소에 미리 연보하여 준비해 두도록 하라는 말입니다.

182) "병자나, 갇힌 자, 혹은 다른 어떤 이유로 자유의 제한을 당한 자, 불쌍한 자 혹은 가난한 자에 대해 관심을 기울이고 보살피는 것"입니다.

183) "우리가 병자나, 갇힌 자, 혹은 다른 어떤 이유로 자유의 제한을 당한 자, 불쌍한 자 혹은 가난한 자들에 대해 잘 모르고 있다면, 그들에게 묻고, 그들을 방문하며, 위로하고 안심시키기 위해 찾아가"는 것입니다. 한마디로 자비의 도움을 필요로 하는 사람들을 돌아보는 일입니다.

184) 아닙니다. 오히려 성도들이 "자원하여 남을 돕고자 하는 용도로 따로 구별해 놓은 것들은 거룩히 구별해 놓은 것으로, 그들의 양심에는 그 구별하여 모아 둔 것을 다른 어떤 방편으로 사용하고자 하는 것이 하나님을 모독하는 것으로 여길 것"이라고 했습니다.

185) 자비의 일을 위해 주중에 미리 구별하여 모아둔[준비해 둔] 연보를 통해 그렇게 될 수가 있습니다.

186) 부유하거나 여유로운 생활을 하는 사람들과 마찬가지로 주중의 소득[혹은 한 달의 소득]을 미리 구별하여 준비해 두는 '십일조' 생활을 통해 자비의 일들을 언제든지 수행할 수가 있는 것입니다.

187) 안식일에 제사장들이 성전 안에서 행하는 일들입니다.

188) 안식일에 진설하도록 했습니다.

189) 아닙니다.

190) "더운 떡을 드리는 날", 곧 안식일입니다.

191) 상번제[매일 드리는 제사] 외에 "일 년 되고 흠 없는 숫양 두 마리와 고운 가루 십분의 일에 기름 섞은 소제와 그 전제"입니다.

192) "안식일에 선을 행하는 것"입니다.

193) 사람의 유익을 위함입니다.

194) 그렇습니다.

195) 제사장 및 아론 계열의 자손들입니다.

196) 제사장 및 제사를 보조하는 레위인들입니다.

197) 하나님께 드려지는 제물과 맥락을 같이 하는 헌금을 취합하고 분배하는 일을 수행하는 자들입니다. 특히 장로교회에서는 '집사'들이 바로 이와 같은 일을 담당하는 직분[직원]입니다.

198) 그렇습니다. 이 문답의 해설은 분명 "그런 일들을 하나님의 예배와 상관이 없이 행한 것이라면, 다른 경우들처럼 그들로 안식일을 범하게 할 것"이라고 하여, 사사로이 행하는 일들이 그러한 예외에 포함될 수 없음을 밝히고 있습니다.

199) 아닙니다. 오히려 그 날은 "성회"(Holy assembly)로 모이는 날이라고 했습니다.

200) "사람을 위하여 있는 것"이라고 하셨습니다.

201) 그렇습니다.

202) "죄가 가져온 여러 연약함들을 그의 몸에 가지게 되었"기 때문입니다.

203) 바리새인 율법사들과 같습니다. 애굽 왕이 이스라엘 백성들에게 흙벽돌을 만들게 하면서도 벽돌에 넣을 짚을 주지 않은 것처럼, 바리새인들과 율법사들도 이스라엘 백성들에게 율법적인 안식일 준수를 강요하면서 정작 참된 안식은 누리지 못하게 하는 자들이었습니다.

204) 잠입니다. 전도서의 그 구절은 편안히 잠을 취할 수 있는 수고하는 노동자의 생활과, 소유한 재물은 넉넉하나 그 부요함 때문에 자지 못하는 부자를 극명하게 대비하고 있습니다.

205) '잠' 입니다.

206) 안식일 전에 충분한 잠을 자지 않으면, 안식일의 의무를 수행하는 데에 지장을 초래할 것이기 때문입니다.

207) 안식일 전날 밤의 잠자리에서부터입니다. 문답에서는 안식일 전날 밤도 안식일의 한 부분이라고 했습니다.

208) 꿀이었습니다. 블레셋과 종일토록 싸움으로 피곤한 가운데 있었던 이스라엘 백성들에게는 음식물을 먹고 원기를 회복하는 것이 필요했는데, 수풀 속에서 발견한 꿀을 먹자 요나단의 눈이 밝아졌더라-원기를 회복했더라-고 했습니다.

209) "떡[빵] 잡수시러", 즉 음식을 드시기 위해 방문하셨습니다.

210) "만약 그것이 시의적절하고 적당하다면, 음식은 몸에 활력을 제공하며 심령을 깨우는데 특별히 사용될 것"이기 때문입니

다. 즉 주일의 일을 수행함에 있어서, 음식은 가장 기초적인 경건의 수단인 것입니다.

211) 짐승[가축]들에게까지 적용된다고 했습니다.

212) 에덴동산을 떠나서 가시덤불과 엉겅퀴가 나고 얼굴에 땀을 흘려야 먹을 것을 먹을 수 있는 고달픈 생활에서 그의 몸을 보호하도록 하시기 위함입니다.

213) 자신들의 벗은 것[부끄러움]을 가리는 용도입니다.

214) 금식하고 밤새도록 땅에 엎드리는 것이었습니다.

215) "여호와의 전에 들어가서 경배"하고자 함이었습니다.

216) 힘든 노동에 해당하는 일(몸이 불편한 자를 교회로 이동시키는 일)과 먼 거리를 이동하기 위한 교통수단이 제공되어야 하는 어려움입니다.

217) 직접적으로는 갑작스럽게 발생하는 일들입니다. 그러나 신체상의 장애가 있는 사람들의 경우에는 불가피하게 정규적으로 발생하는 일이 될 것입니다.

218) 26절에서 언급한바 "땅과 거기 충만한 것이 주의 것"이기 때문입니다. 즉 우상에 제물로 올렸던 것들이라도, 시장에서 유통이 될 때에는 하나님께서 양식이 되도록 섭리하시는 것일 뿐이기에 양심에 꺼리지 말고 먹으라고 한 것이지요.

219) 그것이 제물이라고 말한 사람의 양심에 거리낌이 되거나 오해의 소지가 있을 것이기 때문입니다.

220) "먹든지 마시든지 무엇을 하든지 다 하나님의 영광을 위하여 하

라"고 했습니다.

221) 하나님이십니다.

222) 우리의 몸의 유익을 공급함으로써 경건의 의무를 더욱 잘 수행하
도록 하기 위함입니다.

223) 경건의 의무들을 더욱 잘 수행하도록 함입니다.

224) [다음 날] 아침까지입니다.

225) "아침 일찍이 일어나" 여호와 하나님의 명하신 대로 시내 산에
올랐다고 했습니다.

226) 최선을 다해 열심히 수행하는 모습입니다.

227) 그러한 일들에 대해 필요 이상으로 많은 시간을 사용하지 말도록
가르치고 있습니다.

228) 구지가 설명하는바 "우리가 할 수 있는 한 많은 시간을 그[하나
님]를 예배하는데 드림으로써" 하나님께 경의를 표하기 위해섭
니다.

229) 그렇습니다. 특히 그들의 신앙에 지장을 초래하지 않도록, 그들
도 필요한 일들을 신속히 수행하도록 해야 합니다.

230) 아닙니다. 그러한 일들도 다른 일들과 마찬가지로 안식일에 합
당하게 행해야만 합니다.

231) 우리의 연약한 육신을 위해 필요한 것들을 공급하는 일-잠, 음
식, 의복 등-에 더하여 안식일로서의 주일을 예비하여 그 의무
를 질적으로 높이 수행하는 데에 더욱 활용할 수 있을 것입니다.
특히 맞벌이 부부가 많은 현대사회 가운데서 그리스도인들 또한

그러한 경제문화 가운데 있는 경우가 많은데, 주중에 행하지 못하고 밀리기 쉬운 가사일이나 개인정비를 주일 전에 충분히 하고, 주일에는 더욱 적극적으로 경건과 봉사의 의무에 집중할 수 있도록 하는 생활태도를 정착시키기가 좀 더 수월해진 것이지요.

232) 육신의 필요를 공급하는 일에 지나치게 시간을 허비하는 것입니다. 예컨대 레저 활동에 너무 사로잡혀서 주일 전날 밤에 이르기까지 시간을 보내곤 한다면, 일상 가운데 누적된 잡다한 일들이나 피로가 주일에까지 연계되어서 결국 안식일로서 주일을 거룩하게 하는 데에 질적으로 그 만큼 불리해지고 말 것입니다.

233) 여호와께 신원(伸冤)의 기도를 하기 위함이었습니다.

234) 그를 어루만지며 숯불에 구운 떡과 한 병 물을 먹도록 했습니다.

235) "먹으라" 하며, 또 "네가 갈 길을 다 가지 못할까 하노라" 했습니다.

236) "먹고 나시고 그 음식물의 힘을 의지하여" 그처럼 행했다고 했습니다.

237) 그 날이 안식의 날임을 먼저 되새기고, 하나님께서 그 날의 의무들에 있어 우리로 거룩케 되기를 바라신다는 것을 고하도록 했습니다.

238) "죄악으로부터의 첫 부활을 우리의 마음에 상기해야 하며, 둘째로는 무덤에서 나오게 됨을 상기"하도록 했습니다.

239) "우리의 영혼을 단장하는 것을 묵상해야 한다"고 했습니다.

240) "우리의 영혼을 정결케 하는 것을 생각해야 한다"고 했습니다.

241) 영적인 묵상을 행하는 것입니다.

242) "청함을 받은 사람들이 높은 자리 택함"이었습니다.

243) "자기를 높이는 자는 낮아지고 자기를 낮추는 자는 높아지리라"는 것입니다.

244) 자신에게 속한 사람들(직원들)에 대해서도 주일의 일과 가운데서 영적인 묵상을 할 수 있도록 배려해야 한다는 것입니다.

245) "안식일이 사람을 위하여 있는 것"이라는 것입니다.

246) 아닙니다. 막 2:27절에서 주님이 말씀하시는 의도는, 사람이 안식일을 거룩하게 할 수 있는 수단이 아니라 오히려 안식일을 수단으로 사람이 거룩하게 되며, 또한 안식을 누릴 수 있는 것임을 밝히신 것입니다.

247) "나는 자비를 원하고 제사를 원하지 아니하노라"는 말씀을 인용하시어, 자신과 그의 제자들을 안식일을 범하는 자로 정죄하는 바리새인들을 책망하셨습니다.

248) 출 33:3절에서 여호와 하나님께서는 이스라엘 백성들과 가나안 땅에 함께 오르시지 않는 이유를 "내가 길에서 너희를 진멸할까 염려함이니라"고 했고, 호 6:6절에서는 또한 "나는 인애를 원하고 제사를 원하지 아니"하노라고 말씀하셨으니, 하나님은 우리를 위하시는 분이십니다. 그런즉 그분이 명하시고 말씀하시는 바는 모두 우리를 위하시는 명령과 말씀들인 것입니다.

249) "거기는 진설병 곧 여호와 앞에서 물려 낸 떡밖에 없었"기 때문

입니다.

250) 속히 꺼내지 않으면 양이 죽거나 다쳐서 적잖은 피해를 입기 때문입니다.

251) 다른 사람을 돕는 목적입니다.

252) 위급한 상황으로부터 구조하거나 돕는 방식입니다.

253) 아닙니다. 이미 구조하거나 도와야만 하는 상황 자체가 다른 사람뿐 아니라 그 일을 행하는 자신을 대상으로 하는 것입니다. 아울러 자신이나 자신의 가족, 혹은 가정에 긴급한 문제—예: 집에 불이 나거나 수재를 입은 경우—가 발생한 경우에는 자신에게 일차적으로 적용될 것입니다.

254) 난지 8일 만에 할례를 받아야 했기 때문입니다. 즉 난지 8일째 되는 날이 안식일이라면, 할례의 날을 미룰 것 없이 안식일에라도 할례를 행하는 "절대적인 필연성"이 인정되었던 것입니다.

255) 그 때가 물이 움직일 때에 가까웠기 때문입니다. 이는 가끔 있는 일이었기 때문에, 서른여덟 해 된 병자가 그 연못에 와서 물이 움직이기를 기다리느라 예수님을 만날만한 때가 또 언제 가능할지 아무도 모르며, 그러므로 그를 치료하는 일을 다음으로 미룰 수 없었던 것입니다. 무엇보다 요 9:4절의 "때가 아직 낮이매 나를 보내신 이의 일을 우리가 하여야 하리라 밤이 오리니 그때는 아무도 일할 수 없느니라."는 말씀에서 알 수 있듯이, 예수께서 병자들을 치료하는 일 또한 항시 하시는 일이 아니었습니다. 그런즉 이 때에도 "절대적인 필연성"이 적용될 수 있는 때였던 것이

지요.

256) 안식일에 병 고치는 일을 하셨기 때문입니다.

257) 그렇습니다. 난지 팔일이 되는 날 할례를 해야만 하는 것이 안식일 규례보다도 절대적인 필연성을 가지듯이, 그 때 외에 고칠 기회가 없었을 서른여덟 해 된 병자를 고치는 일 또한 마찬가지의 필연성을 가졌던 것입니다.

258) "매 안식일마다 일어나는 것들"이라고 했습니다.

259) 아닙니다. 그러한 것은 "안식일마다 어딘가에서 혹은 다른 곳에서 수행된다"고 했습니다.

260) "때때로 일어날 수도 있고, 때때로 일어나기도 하는 일들"입니다.

261) 아닙니다. 그러한 일은 매우 드물게 발생한다고 했습니다.

262) "엘가나와 그의 온 집"이 올라갔다고 했습니다.

263) 아이와 자신을 젖떼기까지 보살피기 위해서입니다.

264) 아이의 젖을 떼기까지(보통 2~3살까지)입니다.

265) 일부 어린아이들은 교회로 데리고 온다면 모든 회중을 방해할 수밖에 없는 소란을 피울만하기 때문입니다.

266) 병환으로 인해 교회당에 갈 수가 없을뿐더러, 반드시 곁에서 사람의 도움을 받아야만 하기 때문입니다.

267) 하나 혹은 둘 이상의 사람이 도움을 주어야 한다고 했습니다. 물론 현대의 경우에는 산고를 돕는 것은 병원과 같은 전문적인 기관에서 수행하기에 그처럼 많은 성도들의 도움을 요하지는 않지

만, 그럼에도 불구하고 산모와 보호자는 주일이라 하더라도 경건의 의무를 수행할 수 없는 것이 당연할 것입니다.

268) "통탄할 일"이라고 했습니다.

269) 그러한 일들이 대부분 발생하지 말아야 할 '사고'와 '재해'의 일들이기 때문입니다.

270) 불이 나거나 홍수가 난 경우, 그리고 외적이 침입한 경우입니다.

271) 반드시 봉사와 도움이 필요한 일들이라는 점입니다.

272) 우선적으로 그러한 일들부터 해결하도록 도와야 합니다.

273) 그것이 소유, 즉 가축일뿐더러 생명을 귀히 여기는 것이 우리의 양심에 새겨진 하나님의 법이기도 하기 때문입니다.

274) "아들", 즉 사람에게까지 연계하여 설명하십니다.